Hits mit Hack

Hits mit Hack

land Leben

CADMOS

Impressum

Gestaltung und Satz: Ravenstein + Partner, Verden
Lektorat: Anneke Bosse

Coverfoto: André Chales de Beaulieu
Rezeptfotos im Innenteil: André Chales de Beaulieu
Sonstige Fotos im Innenteil: fotolia.de
Druck: Westermann Druck, Zwickau

Deutsche Nationalbibliothek – CIP-Einheitsaufnahme
Die Deutsche Nationalbibliothek verzeichnet diese Publikation in der Deutschen Nationalbibliografie; detaillierte bibliografische Daten sind im Internet über http://dnb.ddb.de abrufbar.

Printed in Germany

ISBN 978-3-8404-3509-6

Hinweis

Alle in diesem Buch enthaltenen Angaben wurden nach bestem Wissen erstellt und vom Verlag mit größtmöglicher Sorgfalt überprüft. Eine Verantwortung und Haftung für etwaige inhaltliche Unrichtigkeiten kann jedoch nicht übernommen werden.

Danke

Der Verlag bedankt sich bei der Bauernblatt GmbH, Rendsburg, für die gemeinsame Durchführung des Rezeptwettbewerbs. Aus den Einsendungen wurden die besten Rezepte für dieses Buch ausgewählt und redaktionell sowie inhaltlich überprüft.

bauern blatt

Ebenso gilt der Dank allen Teilnehmerinnen und Teilnehmern des Rezeptwettbewerbs, die mit ihren kreativen Ideen für die bunte Rezeptvielfalt in diesem Buch gesorgt haben.

Ein großes Dankeschön geht an Anne Ridder für die fachliche Durchsicht und Ergänzung der Rezepte.

Inhalt

Inhalt

Einleitung

Hackfleisch – viele Namen, viele Varianten

Die regionalen Bezeichnungen für Hackfleisch sind sehr unterschiedlich. Doch ob man nun in Ihrer Region vom Gehackten, Gewiegten, Durchgedrehten, Geschabten oder Schabefleisch, vom Faschierten oder einfach nur vom Gemischten spricht – gemeint ist immer das gute Hackfleisch.

Hackfleisch wird entweder aus einer einzigen Sorte Fleisch hergestellt, wobei es neben Rinder- und Schweinehackfleisch auch Hack aus Geflügel, Wild und Lamm gibt, oder es besteht aus der wohl bekanntesten und beliebtesten Mischung, nämlich zur Hälfte aus Schweinefleisch und zur Hälfte aus Rindfleisch. Um welche Fleischsorte es sich auch handelt: Für die Herstellung von Hackfleisch darf ausschließlich sehnenarmes Muskelfleisch verwendet werden. Knochenfleisch, Beinfleisch oder Ähnliches haben im Hackfleisch nichts zu suchen.

Der Fettgehalt des Hackfleisches ist je nach Sorte klar definiert: Reines Rinderhack darf nicht mehr als 20 Prozent Fett enthalten, beim Schweinehack dürfen es maximal 35 Prozent sein. Gemischtes Hack hat bis zu 30 Prozent Fettanteil, Tatar oder Beefsteakhack enthalten maximal 6 Prozent Fett.

Für die Zubereitung von Hackfleisch werden zunächst die Fleischstücke in Würfel geschnitten, dann werden sie durch einen sogenannten Fleischwolf gedreht. Es ist vor allem eine Frage der persönlichen Vorlieben, wie fein Hackfleisch durchgedreht wird. Schweinehackfleisch bleibt meistens etwas gröber gehackt als Rinder- oder Hähnchen- und Putenhackfleisch.

Für die Weiterverarbeitung als normale Fleischteige oder Frikadellen genügt es, das Fleisch einmal durch den Fleischwolf zu drehen. Zweimaliges Durchdrehen empfiehlt sich zum Beispiel, wenn man Pasteten zubereiten möchte. Grundsätzlich gilt: Je feiner der Fleischteig, umso fester wird das fertig gegarte Hackgericht.

Die Rezepte in diesem Buch sind der beste Beweis dafür, dass Hackfleisch sich sehr vielseitig und zugleich kinderleicht zubereiten lässt. Kein Wunder, dass Gerichte mit Gehacktem für viele Menschen zu den absoluten Leibgerichten gehören – ob als Hackbraten, eingehüllt in Teig, in raffinierter Komposition mit Gemüse oder in einer leckeren Suppe.

Noch ein wichtiger Punkt: Wie jedes andere Fleisch enthält natürlich auch Hackfleisch die fleischtypischen gesunden Vitamine und Mineralstoffe, unter anderem reichlich Eisen, Zink und die B-Vitamine.

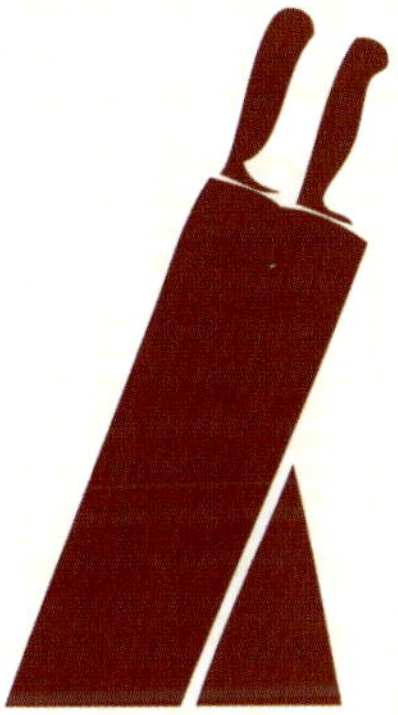

Richtiger Umgang mit Hackfleisch – das sollten Sie wissen

* Je frischer, desto besser: Lassen Sie das Hack am besten direkt an der Fleischtheke oder beim Metzger herstellen oder nutzen Sie einen eigenen Fleischwolf. Wichtig dabei ist, auf strenge Hygiene der verwendeten Materialien zu achten, da Hackfleisch durch die verhältnismäßig große Angriffsfläche für Mikroorganismen leicht verderblich ist.
* Deshalb darf Hackfleisch auch nur in zugelassenen Betrieben hergestellt und ausschließlich am Tag der Herstellung an den Verbraucher abgegeben werden. Die Betriebe müssen in Bezug auf die Hygiene bei Herstellung, Lagerung und Transport des Hackfleisches vorgeschriebene Anforderungen erfüllen und sollten darüber hinaus tägliche Eigenkontrollen durchführen.

- Transportieren Sie frisches Hackfleisch möglichst kühl, bei warmen Außentemperaturen in einer Kühltasche oder mit Kühlakkus, damit die Kühlkette nicht unterbrochen wird.
- Zu Hause gehört Hackfleisch in die kälteste Zone Ihres Kühlschranks. Achten Sie auf eine luftdichte Verpackung, damit das Hackfleisch nicht mit anderen Lebensmitteln in Berührung kommt.
- Verarbeiten Sie Hackfleisch immer am Tag des Einkaufs oder frieren Sie es gleich ein. Dazu sollte das Hackfleisch flach portioniert und in gefriergeeigneten Tüten luftdicht verpackt werden. Tiefgefrorenes Hackfleisch ist drei bis vier Monate haltbar. Nach dem Auftauen sollte es sofort verarbeitet und auf keinen Fall roh verzehrt werden.
- Zum schnellen Auftauen legen Sie das Hackfleisch in der Gefriertüte in kaltes bis lauwarmes Wasser. Das Hackfleisch darf dabei jedoch nicht direkt mit dem Wasser in Berührung kommen.
- Achten Sie bei abgepacktem Hackfleisch auf das aufgedruckte Mindesthaltbarkeitsdatum und verwenden Sie nach dessen Ablauf das Hackfleisch nicht mehr. Es versteht sich von selbst, dass tiefgefrorenes Hackfleisch nach dem Auftauen möglichst bald verarbeitet und kein zweites Mal eingefroren werden darf.
- Achten Sie bei der Zubereitung darauf, das Hackfleisch stets gut durchzugaren. Ein Rohverzehr birgt auch bei absoluter Frische immer die Gefahr, dass Sie Ihren Körper mit Keimen aus dem Fleisch belasten.
- Bleiben Reste Ihres Hackfleischgerichtes übrig, lassen Sie sie zügig abkühlen und bewahren Sie sie maximal zwei Tage in gut verschließbaren Behältnissen im Kühlschrank auf. Alternativ eignen sich die meisten Hackfleischgerichte auch zum Einfrieren.

Die wichtigsten Zubereitungstipps

Besonders aromatisch ...

... wird Ihr selbst hergestelltes Hackfleisch, wenn Sie Zutaten wie Zwiebeln, Knoblauch, Speck oder Schinken gleich mit durch den Fleischwolf drehen.

Als ideale Gewürze …

… gehören Salz, Pfeffer (am besten frisch aus der Mühle) sowie edelsüßes oder scharfes Paprikapulver zum Hackfleisch. Aber auch zum Beispiel Thymian, Oregano, Basilikum, Rosmarin oder Petersilie passen sehr gut zu vielen Hackfleischgerichten.

Rohes Hackfleisch sollten Sie allerdings ungewürzt einfrieren, da einige Gewürze durch das Gefrieren ihren Geschmack verändern.

Für den klassischen Hackfleischteig …

… benötigen Sie neben einem Ei pro 500 Gramm Fleisch und den Gewürzen ein sogenanntes altbackenes Brötchen, also ein Brötchen vom Vortag. Nehmen Sie kein frisches Brötchen, da es zu viel Feuchtigkeit hat und eher klebrig wird. Als Grundregel rechnet man pro 500 Gramm Hackfleisch ein Brötchen von circa 50 Gramm. Das Brötchen wird in kaltem oder lauwarmem Wasser eingeweicht, gut ausgedrückt und etwas zerpflückt mit dem Hackfleisch und den weiteren Zutaten vermengt. Verwenden Sie zum Einweichen kein heißes oder kochendes Wasser, da dann die Stärke im Brötchen zu sehr aufquillt.

Für einen besonders leichten, lockeren und schmackhaften Fleischteig kann man den Brötchenanteil nach Bedarf bis zum Verhältnis 1:1 (also 500 Gramm Brötchen auf 500 Gramm Hackfleisch) erhöhen. Wichtig ist, dass die Gewürzmenge entsprechend erhöht wird.

Alternativ zum altbackenen Brötchen …

… probieren Sie doch mal die Beimischung von Misch- oder Graubrot oder eines Laugenbrötchens aus. Ebenfalls geeignet sind 1 bis 2 Esslöffel Paniermehl (pro 500 Gramm Hack), eingeweicht in etwas Sahne, Milch oder Fleischbrühe, wobei Sie die Einweichflüssigkeit gut mitverwenden können. Eine kalorienarme und getreidefreie Variante besteht in der Verwendung von Magerquark anstelle eines Brötchens. Der Quark macht den Fleischteig lockerer.

Ist der Fleischteig zu flüssig …

… können Sie ein zusätzliches Ei zufügen. Aber Vorsicht: Ein zu hoher Eieranteil macht den Teig fest.

Andere Länder, andere Sitten ...

... das gilt auch für die Hackfleischzubereitung. In vielen Ländern, in denen Hackfleischgerichte ebenfalls sehr beliebt sind, wird anstelle des bei uns meist verwendeten Brötchens ein anderes Stärkeprodukt zur Lockerung des Teiges eingesetzt.

Im Mittelmeerraum nimmt man gern gekochten Reis, in Südosteuropa zum Beispiel Bulgur (thermisch aufgeschlossener Weizenschrot) oder auch zerquetschte Kartoffeln und in asiatischen Rezepten Sojabohnenquark. In den USA ist die Zubereitung mit Maisgrieß oder zerbröselten Crackern bekannt.

Köstlich und damit das Ausprobieren wert sind alle Varianten. Und auch das Untermischen von Kartoffelbrei oder Haferflocken, eventuell vermischt mit Weizenkeimen oder Sojamehl, ist möglich.

Im Buch verwendete Abkürzungen

Bd.	Bund	gestr.	gestrichen	ml	Milliliter
EL	Esslöffel	getr.	getrocknet	Msp.	Messerspitze
g	Gramm	gr.	groß	Pck.	Päckchen
geh.	gehackt	kg	Kilogramm	Pr.	Prise
gem.	gemahlen	kl.	klein	TK	Tiefkühlprodukt
ger.	gerieben	l	Liter	TL	Teelöffel

Die Angabe der Backtemperatur

Wird bei den in diesem Buch vorgestellten Rezepten eine Backofentemperatur angegeben, so gilt diese immer für die Ofeneinstellung „Ober-/Unterhitze“, die grundsätzlich empfohlen wird. Sollten Sie eine andere Garmethode bevorzugen, zum Beispiel Heißluft, ist unter Umständen eine andere Temperatur erforderlich. Beachten Sie bitte die Gebrauchsanleitung Ihres Backofens.

In Form gebracht

Keine Frage: Der Klassiker schlechthin unter den Hackfleischgerichten ist die Frikadelle – die, je nach Region, auch als Bulette, Fleischpflanzerl oder Klops bezeichnet wird. Wie vielfältig die Möglichkeiten sind, Hackfleisch in Form zu bringen, und welch köstliche Varianten dabei entstehen können, verraten die Rezepte auf den folgenden Seiten.

Variation 1

Die klassische Frikadelle

(für 4 Personen)

Zubereitung:

① Das Hackfleisch in eine Schüssel geben.
② Die Zwiebel schälen und in feine Würfel schneiden.
③ Das Brötchen in warmes Wasser tauchen, fest ausdrücken, etwas zerpflücken und mit den Zwiebelwürfeln und dem Ei zum Fleischteig geben.
④ Alles mit Salz, Pfeffer und Paprika würzen und gut vermengen.
⑤ Aus dem Fleischteig 8 gleich große Bällchen formen.
⑥ Die Bällchen etwas flach drücken.
⑦ Das Fett in der Pfanne erhitzen und die Frikadellen von beiden Seiten anbraten.
⑧ Anschließend bei geringer Hitze circa 15 Minuten gar braten, dabei eventuell noch ein- bis zweimal wenden.

Zutaten:

500 g gemischtes Hackfleisch (halb Rind, halb Schwein)
1 mittelgr. Zwiebel
$^1/_2$ Brötchen vom Vortag
1 Ei
Salz
Pfeffer
Paprika, edelsüß
30 g Bratfett

Nährwert je Portion

Kilokalorien:	357,5
Fett:	26,5 g
Kohlenhydrate:	4,3 g
Eiweiß:	26 g

Variation 2

Kleine Mettfrikadellen

(für 4 Personen)

Zubereitung:

① Das Mett in eine Schüssel geben.
② Die Zwiebel schälen, sehr fein würfeln und mit dem Mett vermengen.
③ Aus dem Hackfleisch kleine Mettkugeln formen.

Zutaten:

500 g Mett
1 Zwiebel
30 g Margarine

Nährwert je Portion

Kilokalorien:	342,5
Fett:	28 g
Kohlenhydrate:	0,5 g
Eiweiß:	22,4 g

4. Das Fett in einer Pfanne erhitzen.
5. Die Mettkugeln etwas flach drücken und von allen Seiten gut anbraten.
6. Bei geringer Hitze circa 10 Minuten gar braten, dabei ein- bis zweimal wenden.

Tipp

Mett schmeckt auch ungegart hervorragend, zum Beispiel auf frischem Brot mit dünn geschnittenen Zwiebelringen belegt. Mettschnittchen passen gut zu einem Glas Bier.

Hinweis:
Mett besteht aus reinem Schweinehackfleisch und wird in den meisten Metzgereien und an Fleischtheken schon fertig gewürzt angeboten. Deshalb ist ein Nachwürzen meistens nicht erforderlich.

Zutaten:

500 g Rinderhackfleisch
1 mittelgr. Zwiebel
1/2 Brötchen vom Vortag
1 TL Senf, mittelscharf
1 Ei
Salz
Pfeffer
Paprika, edelsüß
30 g Bratfett

Nährwert je Portion

Kilokalorien:	330
Fett:	21,5 g
Kohlenhydrate:	7,2 g
Eiweiß:	0,03 g

Variation 3

Beef-Senf-Frikadellen

(für 4 Personen)

Zubereitung:

1. Das Hackfleisch in eine Schüssel geben.
2. Die Zwiebel schälen und fein würfeln.
3. Das Brötchen in warmem Wasser einweichen, fest ausdrücken, etwas zerpflücken und mit den Zwiebelwürfeln, dem Senf und dem Ei zum Fleischteig geben.
4. Mit Salz, Pfeffer und Paprika würzen und alles gut vermengen.
5. Aus dem Fleischteig 4 gleich große Frikadellen formen.
6. Die Frikadellen etwas flach drücken.

⑦ Das Fett in der Pfanne erhitzen und die Frikadellen von beiden Seiten darin anbraten.
⑧ Dann bei geringer Hitze circa 12 Minuten gar braten, zwischendurch wenden.

Tipp

Frikadellen aus reinem Rindfleisch (Beef) sind ideal geeignet für alle, die gern mager essen oder auf Schweinefleisch verzichten möchten.

Variation 4

Hähnchen- oder Putenfrikadellen

(für 4 Personen)

Zutaten:

500 g Hähnchen- oder Putenfleisch
1/2 Brötchen vom Vortag
Salz
Pfeffer
1 mittelgr. Zwiebel
1–2 Knoblauchzehen
1 Ei
Currypulver
Ingwerpulver
3–4 EL Öl zum Braten

Zubereitung:

① Das Hähnchen- oder Putenfleisch mit kaltem Wasser abspülen und mit einem Küchenkrepp trocken tupfen.
② Das Brötchen in warmem Wasser kurz einweichen und gut ausdrücken.
③ Das Fleisch in kleine Würfel schneiden und mit dem zerkleinerten Brötchen durch den Fleischwolf drehen.
④ Das Fleisch in eine Schüssel geben, mit Salz und Pfeffer würzen.
⑤ Die Zwiebel schälen und fein würfeln.
⑥ Den Knoblauch schälen und pressen.
⑦ Zwiebel, Knoblauch und Ei zum Hackfleisch geben und alles gut vermengen.
⑧ Curry und Ingwer zufügen, nochmals gut durchkneten.
⑨ Aus dem Teig 8 Frikadellen formen.
⑩ Das Öl in der Pfanne erhitzen und die Frikadellen darin von beiden Seiten gut anbraten.
⑪ Dann bei kleiner Hitze 8 bis 10 Minuten gar braten, dabei ein- bis zweimal wenden.

Nährwert je Portion

Kilokalorien:	257,5
Fett:	11,9 g
Kohlenhydrate:	7,2 g
Eiweiß:	0,03 g

Hinweis:
Hähnchen- oder Putenhack gibt es nur selten fertig zu kaufen. Für die eigene Herstellung mit einem Fleischwolf eignet sich besonders gut das Fleisch der Putenoberkeule oder der Putenbrust beziehungsweise des Hähnchenbrustfilets oder auch der Hähnchenkeule. Allerdings ist das Fleisch der Keule etwas dunkler und es fällt bei der Zubereitung mehr Abfall an.

Zutaten:

500 g Lammfleisch
2 Scheiben Toastbrot
ca. 100 ml lauwarme Milch
1 Zwiebel
2–3 Knoblauchzehen
1 Ei
Salz
Pfeffer
Rosmarin
1 EL fein gehackte Minzeblätter
Olivenöl zum Braten

Nährwert je Portion

Kilokalorien:	422,5
Fett:	25,7 g
Kohlenhydrate:	13,5 g
Eiweiß:	34,5 g

Variation 5

Lamm-frikadellen

(für 4 Personen)

Zubereitung:

① Das Fleisch unter kaltem Wasser abspülen und mit einem Küchenkrepp trocken tupfen.
② Das Fleisch klein schneiden und durch einen Fleischwolf drehen (nicht zu fein).
③ Das Toastbrot kurz in der Milch einweichen, gut ausdrücken und etwas zerpflücken.
④ Die Zwiebel schälen und auf einer Gemüsereibe fein reiben.
⑤ Den Knoblauch schälen und pressen.
⑥ Das Lammhack in eine Schüssel geben.
⑦ Zwiebel, Knoblauch, Toastbrot und Ei zufügen.
⑧ Den Hackteig mit Salz, Pfeffer und Rosmarin kräftig würzen.
⑨ Die Minzeblätter zufügen und alles gut verkneten.
⑩ Aus dem Hackteig 4 große oder 8 kleine Frikadellen formen.
⑪ Das Öl in der Pfanne erhitzen und die Frikadellen von beiden Seiten gut anbraten.
⑫ Dann bei geringer Hitze circa 15 Minuten gar braten, dabei gelegentlich wenden.

Tipp

Wegen seines Eigengeschmacks eignet sich Lammhack nur für ausgewählte Rezepte als Alternative zu Rinder- oder Schweinehackfleisch.

Variation 6

Wildfrikadellen

(für 4 Personen)

Zubereitung:

① Das Fleisch mit kaltem Wasser abspülen und mit einem Küchenkrepp trocken tupfen (entfällt bei vorgegarten Resten).
② Fleisch und Speck klein schneiden und mit den Kartoffeln durch den Fleischwolf drehen.
③ Die Zwiebel schälen und fein reiben.
④ Die Petersilie abspülen, gut abtropfen lassen und fein hacken.
⑤ Das Hackfleisch in eine Schüssel geben und mit Salz und Pfeffer würzen.
⑥ Petersilie, Zwiebel und Ei zufügen und den Teig verkneten.
⑦ Aus dem Fleischteig 8 gleich große Frikadellen formen und diese mit je 1 Scheibe Schinkenspeck umwickeln.
⑧ Den Schinkenspeck eventuell mit einem Zahnstocher befestigen.
⑨ Das Öl in einer Pfanne erhitzen und die Frikadellen von beiden Seiten gut anbraten.
⑩ Dann bei geringer Hitze 10 bis 15 Minuten gar braten.

Zutaten:

500 g Wildfleisch
100 g durchwachsener Speck
2–3 mittelgr. gekochte Kartoffeln
1 kl. Zwiebel
1/2 Bund Petersilie
Salz
Pfeffer
1 Ei
8 Scheiben geräucherter Schinkenspeck
2 EL Bratöl

Nährwert je Portion

Kilokalorien:	397
Fett:	19,6 g
Kohlenhydrate:	10,7 g
Eiweiß:	44,3 g

Tipp

Dazu schmecken besonders gut frische geschmorte Champignons und Weißbrot.

Hinweis:

Für Wildfrikadellen eignet sich jedes Wildfleisch – vom Reh, Hirsch, Wildschwein oder sogar Elch. Man kann nur eine einzige Fleischsorte nehmen oder das Wildfleisch mischen. Für Frikadellen eignet sich rohes Wildfleisch ebenso wie gekochte Fleischreste.

Tipp

Eine kleine, aber feine Vorspeise!

Walnuss-Hackbällchen mit Chili-Gurkensalat

(für 4 Personen)

Zubereitung:

① Das Toastbrot in Wasser einweichen.
② Die Walnüsse fein hacken, die Schalotte schälen und fein würfeln.
③ Das Hackfleisch mit Ei, ausgedrücktem Toastbrot, Walnüssen, Schalotte, Salz und Pfeffer zu einem glatten Teig verarbeiten.
④ Aus dem Teig mit angefeuchteten Händen kleine Bällchen formen.
⑤ Das Öl in einer großen beschichteten Pfanne erhitzen.
⑥ Die Hackbällchen darin 6 bis 8 Minuten braten.
⑦ Auf Küchenpapier abtropfen lassen.
⑧ Für den Salat die Gurke abspülen, in dünne Streifen schneiden, mit wenig Salz bestreuen und beiseitestellen.
⑨ Die Walnüsse grob hacken und kurz ohne Fett in einer Pfanne rösten.
⑩ Den Ingwer schälen und fein reiben. Die Chilischote abspülen, entkernen und fein schneiden.
⑪ Den Essig mit Reiswein, Ingwer, Chili und Öl verrühren. Mit etwas Salz und Zucker abschmecken.
⑫ Die Gurken mit Küchenpapier trocken tupfen und mit der Ingwer-Chili-Marinade mischen. Die Walnüsse locker unterheben.
⑬ Die Hackbällchen auf Holzstäbchen spießen.
⑭ Den Chili-Gurkensalat in schöne Gläser füllen und auf Unterteller stellen, zusammen mit den Hackbällchen dekorativ anrichten und mit Walnusskernen dekorieren.

Zutaten:

Für die Hackbällchen:
2 Scheiben Toastbrot
50 g Walnusskerne
1 Schalotte
400 g Rinderhackfleisch
1 Ei
Meersalz
bunter Pfeffer aus der Mühle
1 EL Rapsöl

Für den Salat:
1 Gurke
Salz
50 g Walnusskerne
1 walnussgroßes Stück Ingwer
1 rote Chilischote
1 EL Weißweinessig
1 EL Reiswein
2 EL Sonnenblumenöl
1 Prise Zucker

Nährwert je Portion

Kilokalorien:	495
Fett:	37,2 g
Kohlenhydrate:	13,4 g
Eiweiß:	27 g

Gefüllter Hackbraten

(für 4 Personen)

Zutaten:

2 Zwiebeln
1 kg gemischtes Hackfleisch
4 Eier
160 g Paniermehl
2 EL Senf
Salz
Pfeffer
3 Scheiben gekochter Schinken
3 hart gekochte Eier
100 g ger. Käse

Nährwert je Portion

Kilokalorien:	997,5
Fett:	64,2 g
Kohlenhydrate:	32 g
Eiweiß:	73 g

Zubereitung:

① Die Zwiebeln schälen und würfeln.
② Das Hackfleisch in eine Schüssel geben, mit den Zwiebelwürfeln, den Eiern, Paniermehl, Senf, Salz und Pfeffer verkneten.
③ Den Backofen auf 180 Grad vorheizen.
④ Die Hälfte des Hackfleischteiges in eine Auflaufform geben.
⑤ Die Hälfte des Schinkens darauflegen.
⑥ Die gekochten Eier pellen, halbieren und auf dem Schinken verteilen.
⑦ Den geriebenen Käse überstreuen, restlichen Schinken auflegen und den restlichen Hackfleischteig darübergeben.
⑧ Mit etwas Paniermehl bestreuen.
⑨ Den Braten auf der mittleren Schiene im Ofen 40 Minuten backen.

Tipp

Dazu passen Salzkartoffeln und Champignons in Rahm.

Hackbraten mit Kräuterfrischkäse-Füllung

(für 4 Personen)

Zutaten:

1 Zwiebel
1 kl. Brötchen vom Vortag
500 g gemischtes Hackfleisch
Salz
Pfeffer
Paprikapulver, edelsüß
Knoblauchsalz
1 Ei
150 g Kräuterfrischkäse
50 g Kräutermischung (TK)
2 EL Paniermehl

Zubereitung:

① Den Backofen auf 200 Grad vorheizen.
② Die Zwiebel schälen und fein würfeln.
③ Das Brötchen in lauwarmem Wasser einweichen.

4. Das Hackfleisch in eine flache Schüssel geben und mit Salz, Pfeffer, Paprika und Knoblauchsalz würzen.
5. Zwiebelwürfel, das gut ausgedrückte und zerpflückte Brötchen, Ei und 1 Esslöffel Frischkäse zufügen und alles gut vermischen.
6. Den Fleischteig zu einem länglichen Braten formen.
7. In die Mitte des Bratens eine Vertiefung drücken, sodass der Fleischteig nach dem Füllen wieder geschlossen werden kann.
8. Den restlichen Frischkäse mit den Kräutern und dem Paniermehl mischen und in die Vertiefung des Hackbratens füllen.
9. Den Hackbraten verschließen, in Alufolie wickeln und auf ein Backblech setzen.
10. Im Backofen circa 30 Minuten garen lassen.
11. Die Alufolie entfernen und den Braten weitere 20 Minuten backen.

Nährwert je Portion

Kilokalorien:	490
Fett:	35,7 g
Kohlenhydrate:	11,3 g
Eiweiß:	31,2 g

Cevapcici

(für 4 Personen)

Tipp

Dazu schmecken Zaziki und Salat oder auch Djuvec-Reis.

Zutaten:

500 g gemischtes Hackfleisch
1 Ei
2 EL Paniermehl
1 Zwiebel
1–2 Knoblauchzehen
1/2 TL Paprikapulver, scharf
Salz
Pfeffer
1 TL Ajvar
2 EL Paniermehl
2–3 Stängel frische Petersilie
2 EL Olivenöl

Zubereitung:

1. Das Hackfleisch in eine Schüssel geben und eine Mulde hineindrücken.
2. Ei und Paniermehl in die Mulde geben.
3. Die Zwiebel und den Knoblauch schälen, fein hacken und mit den Gewürzen, dem Ajvar und dem Paniermehl zum Fleisch geben.
4. Die Petersilie waschen, auf Küchenkrepp etwas abtropfen lassen, mit einer Schere klein schneiden, zum Fleischteig geben und untermengen.
5. Aus dem Fleischteig 10 bis 12 kleine Röllchen formen.
6. Das Olivenöl in einer Pfanne erhitzen und die Cevapcici circa 10 Minuten darin garen, dabei mehrmals wenden.

Nährwert je Portion

Kilokalorien:	362
Fett:	26,8 g
Kohlenhydrate:	5,5 g
Eiweiß:	26 g

Tipp

Die Cevapcici können auch dünn mit Olivenöl bestrichen und auf dem Grill gegart werden.

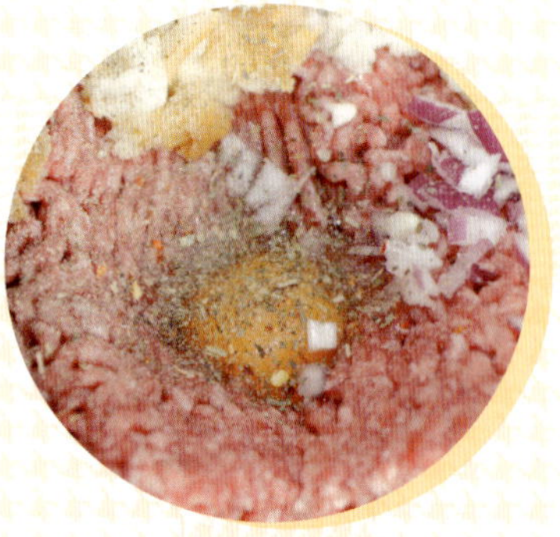

Hackfleischspieße

(für 4 Personen)

Zutaten:

500 g Rinderhackfleisch
2 Scheiben Toastbrot
1 kl. Zwiebel
1Knoblauchzehe
1 Ei
1 TL Tomatenflocken
Salz
Pfeffer
Paprikapulver, edelsüß
Chilipulver

Zubereitung:

① Das Rinderhack in eine Schüssel geben, in die Mitte eine Mulde eindrücken.
② Das Toastbrot in lauwarmem Wasser einweichen, gut ausdrücken und zerpflückt zum Hackfleisch geben.
③ Zwiebel und Knoblauchzehe schälen und sehr fein würfeln.
④ Mit dem Ei, den Tomatenflocken und den Gewürzen zum Hackfleisch geben und alles gut vermengen.
⑤ Den Fleischteig in 4 Portionen teilen und länglich um je einen Schaschlikspieß formen.
⑥ Die Spieße auf dem heißen Grill in einer Alugrillschale 15 Minuten grillen.

Nährwert je Portion

Kilokalorien:	320
Fett:	19,5 g
Kohlenhydrate:	8,6 g
Eiweiß:	28 g

Tipp

Man kann aus dem Fleischteig auch 18 oder 24 kleine Bällchen formen und diese abwechselnd mit Paprika- und Zucchinistückchen auf Spieße stecken.

Rosinen-Beefsteak

(für 4 Personen)

Zutaten:

70 g Rosinen
5 EL trockener Sherry
750 g Rinderhackfleisch
3 EL geh. Haselnüsse
2 EL Röstzwiebeln
2 Eier
3 EL Paniermehl
$1^1/_2$ TL Salz
3 EL Wasser
$1^1/_2$ TL Pfeffer
1 gr. Prise Ingwerpulver
2 EL Öl

Zubereitung:

① Die Rosinen circa 24 Stunden in Sherry einweichen.
② Hackfleisch, Haselnüsse, Röstzwiebeln, Eier, Paniermehl, Salz, Wasser, Pfeffer und Ingwer in eine Schüssel geben und gut vermengen.
③ Aus der Hackmasse kleine flache Steaks formen.
④ Das Öl in einer Pfanne erhitzen und die Hacksteaks darin gar braten.

Tipp

Dazu passen Bratkartoffeln, Remoulade und Salat.

Nährwert je Portion

Kilokalorien:	630
Fett:	39 g
Kohlenhydrate:	23,1 g
Eiweiß:	43,8 g

Hackbällchen-Gemüse-Kuchen

(für 4 Personen)

Zutaten:

Zutaten:
Teig für eine Springform
(24 cm Durchmesser)
250 g Mehl
1 Ei
1 EL Wasser
120 g Butter oder Margarine
Prise Salz

Für die Hackbällchen:
1 altbackenes Brötchen
1 Zwiebel
1 kg gemischtes Hackfleisch
2 Eier
Salz
Pfeffer
Paprika

Für die Füllung:
1 kl. Wirsing (600–700 g)
50 g durchwachsener
geräucherter Speck
2 Tomaten
3 Eier
150 g Sahne
Salz
Pfeffer
2 EL Butterschmalz

Zubereitung:

① Aus den Teigzutaten einen Teig kneten und mindestens 90 Minuten kühl ruhen lassen.
② Das Brötchen in Wasser einweichen, die Zwiebel schälen und fein würfeln.
③ Aus Hackfleisch, ausgedrücktem Brötchen, Zwiebelwürfeln, Eiern und Gewürzen einen Hackfleischteig bereiten.
④ Aus dem Hackfleischteig mit feuchten Händen kleine Bällchen formen.
⑤ Für die Füllung den Wirsing in Streifen schneiden und in Salzwasser blanchieren.
⑥ Den Speck in kleine Würfel schneiden und auslassen, dann auf einem Küchenkrepp abtropfen lassen.
⑦ Die Tomaten häuten, entkernen und würfeln.
⑧ Eier und Sahne verquirlen und würzen.
⑨ Den Backofen auf 200 bis 220 Grad vorheizen.
⑩ Eine gefettete Springform mit dem Teig auslegen und die Seiten hochziehen.
⑪ Jeweils die Hälfte von Wirsing, Tomaten und Speck auf dem Teigboden verteilen.
⑫ Die Hackbällchen darauflegen.
⑬ Das restliche Gemüse darüber verteilen.
⑭ Die Eiersahne über den Auflauf gießen.
⑮ Den Auflauf in den Ofen schieben und etwa 45 Minuten backen.

Nährwert je Portion

Kilokalorien:	1385
Fett:	96 g
Kohlenhydrate:	58 g
Eiweiß:	73,7 g

Bunter Hackbraten vom Blech
(für 4 Personen)

Zutaten:

2 altbackene Brötchen
1 rote Paprika
1 gelbe Paprika
1 grüne Paprika
1 Bund Petersilie
1 kg Rinderhackfleisch
100 g Zwiebelwürfel
1 Knoblauchzehe, zerdrückt
125 g Gouda in Würfeln
3 Eier
2 EL Senf
1 TL Thymian
Salz
Pfeffer

Zubereitung:

① Die Brötchen in warmem Wasser einweichen, dann ausdrücken.
② Die Paprika entkernen und in Würfel schneiden.
③ Die Petersilie abbrausen und hacken.
④ Den Backofen auf 250 Grad vorheizen.
⑤ Alle Zutaten miteinander vermengen und abschmecken.
⑥ Den Fleischteig auf ein Backblech streichen.
⑦ Das Blech in den Ofen schieben und den Braten 20 bis 25 Minuten backen. Zum Schluss kurz grillen, bis die Oberfläche braun ist.

Nährwert je Portion

Kilokalorien:	840
Fett:	55,7 g
Kohlenhydrate:	20,2 g
Eiweiß:	0,06 g

Hackbraten mit Käse (für 4 Personen)

Zutaten:

1 Bd. Frühlingszwiebeln
1 Bd. Petersilie
2 EL Öl
2 Knoblauchzehen
750 g gemischtes Hackfleisch
2 Eier
Salz
Pfeffer
200 g Gouda
100 g Feta

Zubereitung:

① Frühlingszwiebeln und Petersilie putzen, klein schneiden und in Öl andünsten. Die Knoblauchzehen pellen, pressen und hinzufügen.
② Hackfleisch, Eier, Salz und Pfeffer zu einer Masse verarbeiten.
③ Den Backofen auf 200 Grad vorheizen.
④ Gouda und Feta würfeln und mit dem vorbereiteten Zwiebelgemüse unter den Hackteig mischen.
⑤ Den Teig zu einem ovalen Laib formen, in eine Auflaufform geben und eine Stunde backen.

Nährwert je Portion

Kilokalorien:	760
Fett:	58,5 g
Kohlenhydrate:	2,9 g
Eiweiß:	56,5 g

Hackröllchen-Auflauf

(für 4 Personen)

Zubereitung:

① Zwiebel und Paprika putzen und in sehr feine Würfel schneiden.
② Hackfleisch, Ei, Gewürze, Paniermehl und Käse in eine Schüssel geben.
③ Mit den Zwiebel- und Paprikawürfeln gut vermischen.
④ Aus dem Hackteig Röllchen formen.
⑤ Jedes Röllchen mit einer Speckscheibe umwickeln.
⑥ Die Röllchen in eine gefettete Auflaufform geben.
⑦ Den Backofen auf 200 Grad vorheizen.
⑧ Für den Guss Schinken und Zwiebeln in Würfel schneiden. Champignons putzen und in Scheiben schneiden.
⑨ Schinken, Zwiebeln und Champignons in etwas Fett andünsten.
⑩ Dann die Mischung über die Röllchen geben.
⑪ Die Sahne darübergießen und den Auflauf 30 Minuten backen.
⑫ Dann mit dem geriebenen Käse bestreuen und weitere 10 Minuten bräunen.

Zutaten:

Für den Hackteig:
1 Zwiebel
1 rote Paprika
500 g Hackfleisch
1 Ei
Pfeffer
Salz
3 EL Paniermehl
50 g ger. Käse
80 g durchwachsener, geräucherter Speck in sehr dünnen Scheiben

Für den Guss:
200 g Schinken
3 Zwiebeln
250 g Champignons
250 g Sahne
100 g ger. Käse

Nährwert je Portion

Kilokalorien:	800
Fett:	58,3 g
Kohlenhydrate:	13,6 g
Eiweiß:	56 g

Tipp

Dazu schmecken Reis, selbst gebackenes Brot und ein gemischter Salat.

Zutaten:

1 rote Zwiebel
500 g Hackfleisch
1 Ei
1 EL Paniermehl
Pfeffer
Salz
Paprikagewürz
1 EL Petersilie
1 EL Dill
$^1/_2$ Knoblauchzehe (zerdrückt)
Rapsöl für die Form
400 g Ziegenfrischkäse
Rucolasalat
200 g Walnusskerne
1 Apfelsine
4 EL Ahornsirup
Baguettebrot

Ziegenwiesen-zauber

(für 4 Personen)

Zubereitung:

① Den Backofen auf 175 Grad vorheizen.
② Die Zwiebel schälen und fein würfeln.
③ Hackfleisch, Zwiebelwürfel, Ei, Paniermehl, die Gewürze und die Kräuter vermengen.
④ Eine Muffinform mit Rapsöl einfetten.
⑤ Die Hackmasse in die Muffinform verteilen und 30 Minuten backen.

6. In der Zwischenzeit den Ziegenkäse würfeln.
7. Eine Pfanne mit Öl auswischen, erhitzen und die Käsewürfel darin bräunen.
8. Den Rucolasalat waschen, die Walnüsse grob hacken, die Apfelsine schälen und in Stücke schneiden.
9. Den Salat auf Teller geben, Walnuss- und Apfelsinenstücke verteilen, den warmen Ziegenkäse darauflegen.
10. Mit Ahornsirup beträufeln.
11. Die Hackfleischmuffins zum Salat geben, mit Petersilie und Dill garnieren und mit Baguettebrot servieren.

Nährwert je Portion

Kilokalorien:	1195
Fett:	90 g
Kohlenhydrate:	48,5 g
Eiweiß:	49 g

Hackfleisch-Paprika-Kuchen

(für 4 Personen)

Zutaten:

150 g Kartoffeln
150 g Mehl
80 g weiche Butter
Salz
2 Zwiebeln
1 rote Paprikaschote
1 gelbe Paprikaschote
1 grüne Paprikaschote
3 EL Olivenöl
500 g gemischtes Hackfleisch
Pfeffer
1 TL Paprikapulver, edelsüß
3 Eier
150 g Crème fraîche
150 ml Milch
2 EL Tomatenmark

Zubereitung:

1. Die Kartoffeln schälen, würfeln und in Salzwasser circa 25 Minuten garen. Abgießen und zerstampfen.
2. Die Kartoffeln mit Mehl, Butter und 1/2 Teelöffel Salz verkneten. Eine gefettete Springform mit der Kartoffelmasse auskleiden, dabei einen Rand hochziehen. Die Form circa 30 Minuten kalt stellen.
3. Den Backofen auf 200 Grad vorheizen.
4. Die Zwiebeln schälen und fein würfeln, die Paprika in Stücke schneiden.
5. Zwiebeln und Paprika in 2 Esslöffel Öl andünsten.
6. Das Hackfleisch in einer weiteren Pfanne in 1 Esslöffel Öl krümelig braten, mit Salz, Pfeffer und Paprikapulver würzen.
7. Die Paprikastücke und Zwiebeln unter das Hack mischen.
8. Die Masse auf den Kartoffelteig in die Springform füllen.
9. Eier, Crème fraîche, Milch, Tomatenmark, Salz und Pfeffer verrühren und über das Hack gießen.
10. Den Kuchen in den Ofen schieben und 45 Minuten backen.

Nährwert je Portion

Kilokalorien:	867,5
Fett:	61,5 g
Kohlenhydrate:	40,7 g
Eiweiß:	38 g

Bunte Hackringe

(für 4 Personen)

Zubereitung:

① Aus den angegebenen Zutaten einen Hefeteig zubereiten und an einem warmen Ort abgedeckt bis zur weiteren Verwendung gehen lassen.
② Für den Hackteig die Zwiebel abziehen, würfeln und in heißem Öl glasig dünsten. Das Tomatenmark unterrühren und kurz anschwitzen. Etwas abkühlen lassen. Den Knoblauch abziehen, durch die Presse drücken und zufügen.
③ Die Mischung mit dem Geflügelhackfleisch, Paniermehl, Ei, Salz und Pfeffer vermengen. Den Teig in zwei gleich große Hälften teilen und abgedeckt in den Kühlschrank stellen.
④ Basilikum, getrocknete Tomaten und Mozzarella klein schneiden und mit dem Tomatengewürz würzen. Die Sahne zugeben und die Mischung mit der Hälfte des Hacks vermengen.
⑤ Paprikaschoten, Schafskäse und Oliven klein würfeln, griechisches Gewürz dazugeben und mit der zweiten Hackhälfte vermengen.
⑥ Den Backofen auf 200 Grad vorheizen.
⑦ Den Hefeteig halbieren, eine Hälfte zur Seite legen. Die andere Hälfte auf einer bemehlten Arbeitsfläche zu einem Rechteck (50 x 40 Zentimeter) circa 2 Zentimeter dick ausrollen und die Mozzarella-Hack-Masse dünn darauf verteilen, dabei einen Rand von 2 Zentimetern rundherum aussparen. Den Teig von der langen Seite aufrollen und mit einem Messer längs in der Mitte durchschneiden.
⑧ Die zweite Hefeteighälfte ebenso ausrollen, mit der Schafskäse-Hack-Masse bestreichen, aufrollen und durchschneiden.
⑨ Je zwei verschiedene Rollen zu einer Kordel flechten und halbkreisförmig auf ein gefettetes Backblech legen. Die Teigflächen mit Kondensmilch bestreichen.
⑩ Die Hackringe auf der mittleren Schiene im Backofen circa 30 Minuten backen.

Zutaten:

Für den Hefeteig:
350 g Mehl
30 g frische Hefe
1 TL Zucker
1 TL Salz
100 ml Öl
250 ml Mineralwasser

Für den Hackteig:
1 Zwiebel
2 EL Öl
1 EL Tomatenmark
2 Knoblauchzehen
600 g Geflügelhackfleisch
100 g Paniermehl
1 Ei
Salz
Pfeffer
10 Blätter Basilikum
100 g getr. Tomaten
150 g Mozzarella
1 TL Tomatengewürz
1 EL Sahne
2–3 Paprikaschoten aus dem Glas
100 g Schafskäse
7–8 schwarze Oliven ohne Stein
$1^1/_2$ TL griechisches Gewürz
etwas Kondensmilch
Fett für das Backblech

Nährwert je Portion

Kilokalorien:	1105
Fett:	57 g
Kohlenhydrate:	85,5 g
Eiweiß:	62 g

Buletten-Orgie für eine Party

Grundteig

Zutaten:

Grundhackteig:
3 altbackene Brötchen
3 Zwiebeln
1 kg Mett
1 kg gemischtes Hackfleisch
6 Eier
Salz
Pfeffer aus der Mühle

Zubereitung:

① Die Brötchen in Wasser einweichen.
② Die Zwiebeln schälen und würfeln.
③ Mett und Hackfleisch in eine Schüssel geben. Mit den ausgedrückten Brötchen, den Zwiebelwürfeln, Eiern, Salz und Pfeffer zu einem Teig verarbeiten.

Nährwert je 100 g

Kilokalorien:	242
Fett:	18,6 g
Kohlenhydrate:	3,4 g
Eiweiß:	15,7 g

Buletten mit Banane (für 5 Buletten)

Zutaten:

500 g Grundteig
60 g gesalzene, halbierte Cashewkerne
1 TL Curry
250 g Bananen

Zum Garnieren:
20 g Cashewkerne
30 g Bananen in Scheiben

Zubereitung:

① Das Hack mit den Cashewkernen und dem Curry verkneten. Mit circa einem Fünftel des Teiges jeweils ein Bananenstück umhüllen.
② Die Bananen für die Garnierung erst unmittelbar vor dem Garnieren schälen und in Scheiben schneiden.

Nährwert je Bulette

Kilokalorien:	462
Fett:	31,4 g
Kohlenhydrate:	21 g
Eiweiß:	24 g

Buletten mit Paprika und Ei (für 5 Buletten)

Zutaten:

500 g Grundteig
5 sehr kleine Eier (Junghenneneier)
100 g rote Paprika
100 g gelbe Paprika

➡➡➡

Zubereitung:

① Die Eier 6 Minuten kochen, abschrecken und pellen.

Nährwert je Bulette

Kilokalorien:	412
Fett:	30,2 g
Kohlenhydrate:	7,9 g
Eiweiß:	27,6 g

weitere Zutaten:

Zum Garnieren:
50 g rote Paprika
50 g grüne Paprika
50 g gelbe Paprika

② Die Paprika sehr fein würfeln und mit dem Hackteig verkneten.
③ Jedes Ei mit circa 100 Gramm Hackfleischmasse umschließen.
④ Die Paprika für die Garnitur in sehr feine Streifen schneiden.

Buletten mit Trauben und Käse

(für 5 Buletten)

Nährwert je Bulette

Kilokalorien:	388
Fett:	27 g
Kohlenhydrate:	13,1 g
Eiweiß:	23,2 g

Zutaten:

500 g Grundteig
50 g blaue Trauben
50 g grüne Trauben
50 g Butterkäse
500 g Grundteig

Zum Garnieren:
100 g blaue Trauben
100 g grüne Trauben

Zubereitung:

① Die Trauben halbieren und entkernen.
② Den Käse in kleine Würfel schneiden, mit den Trauben und der Hackmasse mischen und gleich große Buletten daraus formen.
③ Mit blauen und grünen Trauben garnieren.

Buletten mit Birne und Roquefortkäse

(für 5 Buletten)

Nährwert je Bulette

Kilokalorien:	480
Fett:	37 g
Kohlenhydrate:	9,1 g
Eiweiß:	28, 4 g

Zutaten:

500 g Grundteig
1 kl. Birne
100 g Roquefortkäse
500 g Grundteig

Zum Garnieren:
1 kl. Birne
80 g Roquefortkäse
3 EL süße Sahne

Zubereitung:

① Die Birne entkernen, würfeln und mit dem zerbröckelten Käse unter den Hackteig geben.
② Gleich große Buletten formen.
③ Den Backofen auf 200 Grad vorheizen.
④ Die Buletten auf ein tiefes Backblech legen.
⑤ Auf der mittleren Schiene des Ofens 20 bis 25 Minuten garen.
⑥ Die Buletten abgedeckt und kühl bis zur Party aufbewahren.
⑦ Zum Garnieren Roquefort und Sahne verrühren und die Birne würfeln.
⑧ Kurz vor dem Servieren die Buletten mit der Soße übergießen und die Birnenwürfel überstreuen.

Bunte Hackfleischrauten mit Pinienkernen vom Blech

(für 4 Personen)

Zutaten:

Für den Teig:
300 g Mehl
150 g Butter
3 EL Milch
1 Ei
1 TL Salz

Für den Belag:
2 gelbe Paprika
2 rote Paprika
200 g Mais aus der Dose
400 g Kirschtomaten
2 Zwiebeln
750 g Rinderhackfleisch
1 Ei
1 EL Semmelbrösel
Salz
Pfeffer
3 EL Zigeunersoße
Paprikapulver
3 EL Öl
200 g Feta in Würfeln

Für den Guss:
200 g Feta in Würfeln
4 Eier
500 ml Milch
100 g Pinienkerne

Zubereitung:

① Aus Mehl, Butter, Milch, Ei und Salz einen Teig bereiten. Den Teig 30 Minuten kühl stellen.
② Für den Belag die Paprika putzen und in Spalten schneiden.
③ Den Mais abgießen.
④ Die Kirschtomaten waschen und halbieren.
⑤ Die Zwiebeln schälen und würfeln.
⑥ Das Hackfleisch mit Ei, Semmelbröseln, der Hälfte der Zwiebelwürfel, Salz, Pfeffer, Zigeunersoße und Paprikapulver würzen.
⑦ Die Hackmischung im Öl krümelig braten, dann die Hälfte der Fetawürfel unterheben.
⑧ Für den Guss die Fetawürfel mit Eiern und Milch pürieren, mit Salz und Pfeffer abschmecken.
⑨ Den Backofen auf 200 Grad vorheizen.
⑩ Den Teig dünn ausrollen und auf ein mit Backpapier ausgelegtes Backblech legen. Das angebratene Hackfleisch darauf verteilen.
⑪ Die Hackschicht bunt mit Paprikaspalten, Tomatenhälften, Mais sowie den restlichen Zwiebel- und Fetawürfeln belegen.
⑫ Den Guss darübergeben und mit Pinienkernen bestreuen.
⑬ Den Kuchen auf der mittleren Schiene circa 50 Minuten backen.
⑭ Vor dem Servieren in kleine Rauten schneiden.

Nährwert je Portion

Kilokalorien:	892,5
Fett:	106,7 g
Kohlenhydrate:	84,3 g
Eiweiß:	86 g

Hackrolle Cordon bleu

(für 4 Personen)

Zutaten:

2 altbackene Brötchen
1 Zwiebel
3 EL Öl
1 kg gemischtes Hackfleisch
3 Eier
Salz
Pfeffer
Paprikapulver, edelsüß
4 Scheiben gekochter Schinken
4 Scheiben mittelalter Gouda
250 g Champignons
1 EL Butter
100 ml Weißwein
100 ml Gemüsebrühe
200 g Schlagsahne
Öl für das Blech

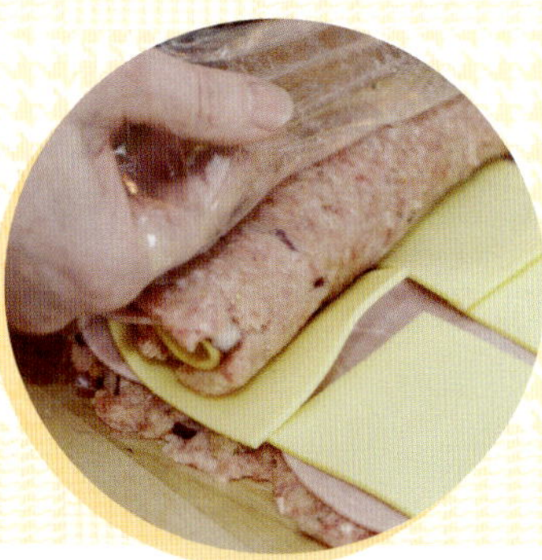

Zubereitung:

① Die Brötchen grob zerbröckeln und circa 5 Minuten in kaltem Wasser einweichen.
② Die Zwiebel schälen, würfeln und in heißem Öl kurz glasig dünsten.
③ Den Backofen auf 200 Grad vorheizen.
④ Hackfleisch, ausgedrückte Brötchen, Zwiebel und Eier mischen. Mit Salz, Pfeffer und Paprika würzen.
⑤ Den Hackteig auf einer Frischhaltefolie rechteckig (circa 26 x 20 Zentimeter) verteilen.
⑥ Den Hackteig mit Schinken- und Käsescheiben belegen.
⑦ Mithilfe der Folie zu einer Roulade rollen.
⑧ Die Hackrolle auf ein eingeöltes Backblech setzen und 50 bis 60 Minuten im Ofen garen.
⑨ Die Pilze putzen, in Scheiben schneiden und in heißem Fett anbraten.
⑩ Mit Wein, Brühe und Sahne ablöschen und circa 5 Minuten köcheln.
⑪ Mit Salz und Pfeffer würzen.
⑫ Die Hackrolle aus dem Ofen nehmen, in Scheiben schneiden und mit der Soße anrichten.

Nährwert je Portion

Kilokalorien:	1100
Fett:	79 g
Kohlenhydrate:	15,4 g
Eiweiß:	77,8 g

Hack-Spinat-Kuchen

(für 4 Personen)

Zutaten:

600 g Spinat (TK)
4 altbackene Brötchen
2 gr. Zwiebeln
250 g Möhren
4 Knoblauchzehen
2 EL Butter
$1^1/_2$ kg Rinderhackfleisch
4 Eier
2 EL Oregano
1 EL Thymian
2 EL Pfeffer
2 EL Salz
3 EL Zitronensaft
2 EL Paprika
2 EL Cayennepfeffer
300 g Crème fraîche
2 Eigelb
200 g ger. Emmentaler

Zubereitung:

① Den Spinat auftauen.
② Die Brötchen in Wasser einweichen.
③ Zwiebeln, Möhren und Knoblauch putzen, schälen und in kleine Würfel schneiden. Mit Butter in einer Pfanne glasig dünsten.
④ Das Hackfleisch mit den Eiern verkneten.

Nährwert je Portion

Kilokalorien:	1515
Fett:	105,8 g
Kohlenhydrate:	34 g
Eiweiß:	107,2 g

Tipp

In Stücke geschnitten mit einem bunten Salat servieren.

⑤ Das angedünstete Gemüse, die ausgedrückten Brötchen und den Spinat zum Hack geben und gut vermengen.
⑥ Die Gewürze zufügen, nochmals gut vermischen und abschmecken.
⑦ Den Backofen auf 170 Grad vorheizen.
⑧ Die Hack-Spinat-Mischung auf ein Backblech mit etwas höherem Rand geben und gleichmäßig verteilen.
⑨ Crème fraîche, Eigelb und Emmentaler mischen und auf die Hack-Spinat-Masse geben.
⑩ Den Kuchen circa 30 Minuten im Ofen garen.

Gefüllter Hackbraten mit Chinagemüse

(für 4 Personen)

Zutaten:

2 mittelgr. Zwiebeln
2 Knoblauchzehen
1 rote Paprika
1 gelbe Paprika
2 Möhren
400 g Champignons
350 g Bambussprösslinge
1 EL Öl
Salz
Pfeffer
5 EL Sojasoße
1 kg Hackfleisch
2 Eier
160 g Paniermehl

Zubereitung:

① Zwiebeln, Knoblauch, Paprika und Möhren putzen und in Würfel schneiden.
② Die Champignons in Scheiben schneiden und mit den Bambussprösslingen mischen.
③ Das Gemüse im heißen Öl circa 5 Minuten dünsten.
④ Mit Salz, Pfeffer und Sojasoße würzen, abkühlen lassen.
⑤ Den Backofen auf 175 Grad vorheizen.
⑥ Das Hackfleisch mit den Eiern und dem Paniermehl zu einem Teig verarbeiten.
⑦ Den Hackteig flach ausrollen, die Hälfte des Gemüses darauf verteilen und gut aufrollen.
⑧ Die Hackfleischrolle in einen großen Bräter legen und circa 60 Minuten im Ofen garen.
⑨ Dann das restliche Gemüse auf dem Hackbraten verteilen und weitere 15 Minuten im Ofen garen. Eventuell etwas Wasser aufgießen.

Nährwert je Portion

Kilokalorien:	800
Fett:	41,5 g
Kohlenhydrate:	41,3 g
Eiweiß:	65 g

Ein Genuss in jeder Soße

Für viele Genießer ist ein Gericht erst mit der passenden Soße vollkommen. Zu Recht, wie die Rezepte dieses Kapitels beweisen. Ob würzig mit Knoblauch, aromatisch mit Waldpilzen oder fruchtig mit Pflaumen: Hackfleisch ist in jeder Soße eine Köstlichkeit.

Bolognesesoße auf bunten Nudeln

(für 4 Personen)

Zubereitung:

① Zwiebeln und Knoblauch schälen und fein würfeln.
② Die Tomaten waschen, kurz mit kochendem Wasser überbrühen, die Haut und den Strunk entfernen und die Tomaten in grobe Stücke schneiden.
③ Die Möhre putzen, schälen und fein würfeln.
④ Das Bratöl in einer Pfanne erhitzen und das Hackfleisch krümelig anbraten.
⑤ Zwiebeln, Knoblauch und Möhre zum Hackfleisch geben und mit anschmoren lassen.
⑥ Die Tomatenwürfel und die Passata zufügen.
⑦ Mit Salz, Pfeffer und Paprika würzen.
⑧ Die Brühe zugießen, alles einmal aufkochen und bei geringer Hitze 10 Minuten garen lassen.
⑨ In der Zwischenzeit Salzwasser in einem hohen Topf zum Kochen bringen und die Nudeln darin nach Packungsanweisung gar kochen.
⑩ Den Mais abtropfen lassen und mit in die Bolognesesoße geben.
⑪ Die Soße mit Oregano und Thymian kräftig würzen.
⑫ Alles noch einmal kurz aufkochen lassen und mit dem Soßenbinder zur gewünschten Konsistenz binden.
⑬ Nudeln und Soße auf Tellern anrichten und mit Schnittlauchröllchen bestreut servieren.

Zutaten:

2 kl. Zwiebeln
1 Knoblauchzehe
4 Fleischtomaten
1 kl. Möhre
2 EL Bratöl
500 g gemischtes Hackfleisch
150 g Passata
Salz
Pfeffer
Paprikapulver, edelsüß
1/4 l Gemüsebrühe
350 g bunte Nudeln
100 g Mais (aus der Dose)
Oregano
Thymian
1 EL dunkler Soßenbinder
1 EL Schnittlauchröllchen

Nährwert je Portion

Kilokalorien:	682
Fett:	28 g
Kohlenhydrate:	70,2 g
Eiweiß:	36,5 g

Hackfleisch-Porreerahm auf Bandnudeln

(für 4 Personen)

Zutaten:

1 kl. Zwiebel
2 EL Bratöl
400 g Rinderhackfleisch
Salz
Pariser Pfeffermischung
Knoblauchpulver
350 g Porree
200 g Sahne
200 ml Gemüsebrühe
300 g breite Bandnudeln
2 EL heller Soßenbinder

Nährwert je Portion

Kilokalorien:	678
Fett:	34 g
Kohlenhydrate:	60 g
Eiweiß:	33 g

Zubereitung:

① Die Zwiebel schälen und fein würfeln.
② Das Öl in einer Pfanne erhitzen und das Hackfleisch krümelig anbraten.
③ Die Zwiebelwürfel nach etwa der Hälfte der Anbratzeit zufügen und mit anschmoren.
④ Mit Salz, Pfeffer und Knoblauch würzen.
⑤ Den Porree putzen, waschen, halbieren und in halbe Ringe schneiden.
⑥ Sahne und Gemüsebrühe zum Hackfleisch gießen.
⑦ Den Porree zugeben, die Mischung verrühren und einmal aufkochen lassen.
⑧ Bei geringer Hitze 10 bis 12 Minuten garen lassen.
⑨ In der Zwischenzeit die Nudeln in reichlich Salzwasser nach Packungsanweisung kochen.
⑩ Die Hackfleischsoße mit dem hellen Soßenbinder zur gewünschten Konsistenz andicken.
⑪ Noch einmal aufkochen lassen, mit Salz und Pfeffer abschmecken und zu den Nudeln servieren.

Tipp

Diese Soße kann man auch gut mit tiefgefrorenem Porree zubereiten.

Chili con Carne mit zweierlei Bohnen

(für 4 Personen)

Zubereitung:

① Zwiebel und Knoblauch schälen und fein würfeln.
② Das Fett in einer tiefen Pfanne oder einem Bratentopf erhitzen.
③ Das Hackfleisch krümelig anbraten.
④ Etwa nach der Hälfte der Anbratzeit Zwiebel und Knoblauch zufügen und mit anschmoren lassen.
⑤ Die Chiliringe fein schneiden und ebenfalls zufügen.
⑥ Mit Salz, Pfeffer und Kümmel würzen.
⑦ Die Fleischbrühe zugießen.
⑧ Passata mit den Bohnen zum Hack geben.
⑨ Alles einmal aufkochen lassen und bei geringer Hitze 8 bis 10 Minuten köcheln lassen.
⑩ Den Soßenbinder einrühren und das Chili zur gewünschten Konsistenz binden.
⑪ Noch einmal kurz aufkochen und mit Salz, Pfeffer, Oregano und Chilipulver abschmecken.

Zutaten:

1 Zwiebel
1–2 Knoblauchzehen
20 g Bratfett
500 g gemischtes Hackfleisch
1–2 getr. Chiliringe (nach Geschmack auch mehr)
Salz
Pfeffer
Kümmel
250 ml Fleischbrühe
200 g Passata
400 g Kidneybohnen aus der Dose
400 g weiße Bohnen in Chilisoße aus der Dose
1–2 EL dunkler Soßenbinder
Oregano
Chilipulver

Nährwert je Portion

Kilokalorien:	485
Fett:	28 g
Kohlenhydrate:	21,4 g
Eiweiß:	37 g

Fenchelpfanne mit Hackklößchen

(für 4 Personen)

Zutaten:

300 g Rinderhackfleisch
1 kl. Zwiebel, gewürfelt
1 Ei
1 TL Senf
Salz
Pfeffer
Paprika
geh. Petersilie
500 g Fenchel
200 g Möhren
300 g Kartoffeln
2 EL Öl
1 EL Worcestersoße
100 ml Brühe
200 g Kräuter-Crème-fraîche
1 Bd. Dill

Zubereitung:

① Rinderhack, Zwiebelwürfel, Ei, Senf, Salz, Pfeffer, Paprika und Petersilie zu einem Fleischteig verarbeiten und zu circa 3 Zentimeter großen Klößchen formen.
② Fenchel, Möhren und Kartoffeln putzen und würfeln, das Fenchelgrün aufbewahren.
③ Das Öl in einer Pfanne erhitzen, die Klößchen anbraten und aus der Pfanne nehmen.
④ Das Gemüse in dem Klößchenfett andünsten.
⑤ Mit Salz, Pfeffer und Worcestersoße würzen.
⑥ Die Brühe zugießen, den Topf mit einem Deckel verschließen und das Gemüse circa 15 Minuten dünsten. Zwischendurch umrühren.
⑦ Die Crème fraîche unterrühren, die Klößchen auf das Gemüse legen und noch 5 Minuten dünsten.
⑧ Den Dill hacken und unterheben, die Soße abschmecken.
⑨ Vor dem Servieren das Fenchelgrün hacken und überstreuen.

Nährwert je Portion

Kilokalorien:	460
Fett:	30,8 g
Kohlenhydrate:	21,3 g
Eiweiß:	24,1 g

Königsberger Klopse nach Sylter Art

(für 4 Personen)

Zutaten:

2 altbackene Brötchen
2 mittelgr. Zwiebeln
2 EL Öl
1 Bund Petersilie
1 EL Kapern
2 Sardellenfilets, gewässert
600 g gemischtes Hackfleisch
Meersalz
schwarzer Pfeffer aus der Mühle
2 Eier
250 ml Weißwein
1 Lorbeerblatt
4 Nelken
1 EL klare Rinderbrühe (Instant)
50 g Butter
1 EL Mehl
200 g Sahne
100 g Nordseekrabben
Dill zum Garnieren
2 mittelgr. Rote Bete (aus dem Glas)

Zubereitung:

① Die Brötchen in Wasser oder Milch gut aufweichen und die überschüssige Flüssigkeit ausdrücken.
② Eine Zwiebel schälen, in feine Würfel schneiden und in Öl glasig andünsten.
③ Die Petersilie, die Hälfte der Kapern und die Sardellenfilets fein hacken, zu den Zwiebelwürfeln geben und kalt stellen.
④ Das Hackfleisch in eine Schüssel geben, mit Salz und Pfeffer würzen. Eier, Brötchen und die angeschwitzten Zwiebeln mit dem Hack verkneten.
⑤ Mit angefeuchteten Händen Bällchen aus der Hackmasse formen.
⑥ In einem Topf circa $1\frac{1}{2}$ Liter Wasser erhitzen.
⑦ Den Weißwein, eine halbierte Zwiebel, das Lorbeerblatt und die Nelken zugeben, mit Salz und der Brühe würzen. Die Fleischbällchen darin garen.
⑧ Butter und Mehl in einem Topf anschwitzen. Mit Sahne und circa 300 Milliliter der Garflüssigkeit von den Fleischbällchen ablöschen und glatt rühren. Die Soße circa 5 Minuten köcheln lassen. Die restlichen Kapern und die Krabben in die Soße geben, mit Dill garnieren.
⑨ Rote Bete in Scheiben schneiden und zu den Königsberger Klopsen reichen.

Nährwert je Portion

Kilokalorien:	815
Fett:	57,3 g
Kohlenhydrate:	20,6 g
Eiweiß:	44,3g

Tipp

Dazu gibt es Petersilienkartoffeln oder Reis und als Getränk einen trockenen Weißwein.

Zutaten:

500 g gemischtes Hackfleisch
2 EL Öl
Salz
Pfeffer
1 Zwiebel
1 mittelgr. Kopf Weißkohl, Wirsing oder Spitzkohl
Kümmel
Currypulver
200 g Schmand

Nährwert je Portion

Kilokalorien:	472
Fett:	39,8 g
Kohlenhydrate:	4,5 g
Eiweiß:	25,5 g

Currykohl

(für 4 Personen)

Tipp Dazu schmecken Salzkartoffeln.

Zubereitung:

① Das Hackfleisch im heißen Öl in der Pfanne krümelig anbraten, mit Salz und Pfeffer würzen.
② Das angebratene Hackfleisch in einen größeren Topf geben und mit Wasser auffüllen, sodass das Hackfleisch bedeckt ist.
③ Die Zwiebel schälen, würfeln, goldgelb anbraten und zum Hackfleisch geben.
④ Den Kohl putzen, hobeln und auf die Hackmasse geben.
⑤ Den Topf verschließen und das Gericht 40 bis 50 Minuten gar kochen.
⑥ Am Ende der Garzeit gut umrühren, mit Salz, etwas Kümmel und viel Curry abschmecken.
⑦ Vor dem Servieren den Schmand unterheben.

Zutaten:

400 g Hackfleisch
$^1/_8$ l Milch
1 Ei
60 g Mehl
1 kl. Zwiebel, gewürfelt
Salz
Pfeffer
$1^1/_2$ l Wasserpulver
6 TL Gemüsebrühe (Instant)

Für die Soße:
1 Zwiebel
1 Apfel
20 g Butter
$^1/_2$ TL Currypulver
20 g Mehl

Fleischklöße in Currysoße

(für 4 Personen)

Zubereitung:

① Das Hackfleisch in eine Schüssel geben und mit Milch, Ei, Mehl und Zwiebelwürfeln verkneten. Mit Salz und Pfeffer würzen und noch einmal gut durchkneten.
② Das Wasser mit der Instantbrühe zum Kochen bringen, dann die Temperatur reduzieren.
③ Zwei Teelöffel in der Brühe anfeuchten, vom Hack kleine Fleischklöße abstechen und direkt in die

Brühe geben. Zwischendurch die Löffel immer wieder in der Brühe anfeuchten.

④ Die Brühe nicht kochen lassen, die Fleischklöße sollen nur gar ziehen.
⑤ In der Zwischenzeit für die Soße die Zwiebel schälen und in Würfel schneiden.
⑥ Den Apfel schälen und reiben.
⑦ Die Butter in einem Topf zerlassen und die Zwiebel glasig dünsten.
⑧ Den geriebenen Apfel dazugeben und kurz mitdünsten.
⑨ Den Curry darüberstreuen, das Mehl zufügen und unter Rühren leicht anschwitzen.
⑩ 400 Milliliter der Fleischklößchenbrühe unter die Currysoße rühren. 5 Minuten köcheln lassen, abschmecken.
⑪ Die Fleischklößchen mit einer Schaumkelle aus der Brühe heben und in die Currysoße geben.

Nährwert je Portion

Kilokalorien:	415
Fett:	25 g
Kohlenhydrate:	22,3 g
Eiweiß:	25,3 g

Frikadellen in Waldpilzrahm

(für 4 Personen)

Zutaten:

1 altbackenes Brötchen
2 mittelgr. Zwiebeln
250 g Rinderhackfleisch
250 g Mett
2 Eier
2 TL mittelscharfer Senf
Meersalz
Pfeffer
Paprika, edelsüß
250 g Champignons
250 g Pfifferlinge
1/2 Bund Thymian
50 g Bacon in Streifen
2 gestr. EL Mehl
750 ml Wasser
150 g Schlagsahne
2 EL Gemüsebrühe (Instant)
1 Prise Zucker
2 EL Preiselbeeren aus dem Glas

Zubereitung:

① Den Backofen auf 200 Grad vorheizen.
② Das Brötchen im kalten Wasser einweichen.
③ Die Zwiebeln schälen und fein würfeln.
④ Die Hälfte der Zwiebelwürfel mit dem Hackfleisch, dem Mett, dem ausgedrückten Brötchen, Eiern, Senf, Salz, Pfeffer und Paprika verkneten.
⑤ Mit angefeuchteten Händen 8 Frikadellen formen.
⑥ Die Frikadellen in eine ofenfeste Form oder Pfanne setzen und im Ofen 25 bis 30 Minuten braten.
⑦ In der Zwischenzeit die Champignons und Pfifferlinge putzen, die Champignons in Scheiben schneiden. Thymianblätter von den Zweigen zupfen, einen Rest zum Garnieren beiseitelegen.
⑧ Den Bacon in einer hohen Pfanne ohne Fett knusprig braten, dann herausnehmen.

➡➡➡

Tipp

Als Gemüse für die Hackfleischpfanne lassen sich verschiedene Varianten wählen; es passen zum Beispiel auch Zucchini, Gurke und Kürbis. Als Beilage sind Reis und Senfgurken empfehlenswert.

⑨ Die Pilze im heißen Speckfett portionsweise kräftig anbraten.
⑩ Die restlichen Zwiebelwürfel und den Thymian kurz mit anbraten, den Bacon zufügen.
⑪ Mit Mehl bestäuben, kurz anschwitzen.
⑫ Wasser, Sahne und Brühe einrühren. Aufkochen und circa 5 Minuten köcheln.
⑬ Den Pilzrahm mit Salz, Pfeffer und Zucker abschmecken und um die Frikadellen gießen.
⑭ Das Gericht nochmals circa 20 Minuten im Ofen schmoren.
⑮ Vor dem Servieren die Preiselbeeren unterrühren. Mit Thymian garnieren.

Nährwert je Portion

Kilokalorien:	597
Fett:	45,3 g
Kohlenhydrate:	15,4 g
Eiweiß:	33,3 g

Tipp

Dazu schmecken Spätzle, Kartoffelpüree oder frisch gebackenes Brot mit Kräuterbutter. Als Getränk passt ein trockener Rotwein.

Hackfleischpfanne
(auch für den Wok geeignet)
(für 4 Personen)

Zutaten:

1 Stange Lauch
1 kl. Zwiebel
2 Knoblauchzehen
200 g Champignons
1 rote Paprika
500 g Hackfleisch
2 EL Öl
Salz
Pfeffer
Rosenpaprika
1 EL Senf
125 ml Wasser
200 g Mais
150 g Chilisoße
200 g Schmand

Zubereitung:

① Den Lauch putzen, waschen und in Ringe schneiden.
② Die Zwiebel und den Knoblauch schälen und in Würfel schneiden.
③ Die Champignons putzen und in Scheiben schneiden.
④ Die Paprika entkernen und in Würfel schneiden.
⑤ Das Hackfleisch in etwas Öl anbraten, mit Salz, Pfeffer, Rosenpaprika und Senf würzen.
⑥ Lauchringe, Zwiebel- und Knoblauchwürfel zum Hackfleisch geben und mit andünsten.
⑦ Paprika und Champignons untermischen.
⑧ Alles 10 bis 15 Minuten gut durchschmoren lassen.
⑨ Wasser angießen und den Mais dazugeben.
⑩ Die Hack-Gemüse-Mischung nochmals 30 Minuten köcheln lassen.
⑪ Die Chilisoße dazugeben und kurz aufkochen lassen.
⑫ Zum Schluss den Schmand unterheben.

Nährwert je Portion

Kilokalorien:	718
Fett:	43,5 g
Kohlenhydrate:	47,8 g
Eiweiß:	34 g

Schmorgurke

(für 4 Personen)

Zutaten:

1–2 Zwiebeln
2 EL Öl
300 g gemischtes Hackfleisch
Salz
Pfeffer
1 Chilischote
1 gr. Schmorgurke
4–5 Tomaten
300 g passierte Tomaten
200 g Schmand
Paprikapulver
Currypulver
Gemüsebrühe (Instant)

Tipp
Mit Reis servieren.

Zubereitung:

① Die Zwiebeln schälen, würfeln und in Öl goldgelb anbraten.
② Das Hackfleisch dazugeben, krümelig anbraten und mit Salz und Pfeffer würzen.
③ Die Chilischote in kleine Stücke schneiden.
④ Die Schmorgurke schälen, mit einem Esslöffel entkernen und in 2 bis 3 Zentimeter große Stücke schneiden.
⑤ Die Schmorgurkenstücke und die Chilistücke mit in die Pfanne geben.

⑥ Die Tomaten kurz mit heißem Wasser übergießen, häuten und in Stücke schneiden. Über die Masse geben und 20 Minuten schmoren lassen. Zwischendurch umrühren.
⑦ Am Ende der Garzeit die passierten Tomaten hinzufügen und die Pfanne nochmals erhitzen.
⑧ Schmand darübergeben, umrühren, mit Paprika, Curry und eventuell etwas Gemüsebrühe abschmecken.

Nährwert je Portion

Kilokalorien:	385
Fett:	32 g
Kohlenhydrate:	7,5 g
Eiweiß:	17,4 g

Gemüse-Hackfleisch-Pfanne

(für 4 Personen)

Zutaten:

1 Zwiebel
500 g gemischtes Hackfleisch
2 EL Rapsöl
1/4 l Rinderbrühe
2 Tomaten
2 kl. Zucchini
1 Gurke
1 Stange Porree
1 Paprika
2–3 Knollen Topinambur
Salz
Pfeffer
200 g Schmand

Zubereitung:

① Die Zwiebel schälen und fein würfeln.
② Das Hackfleisch und die Zwiebelwürfel in einer großen Pfanne in Rapsöl anbraten und mit der Brühe ablöschen.
③ Tomaten, Zucchini, Gurke, Porree, Paprika und Topinambur putzen und in kleine Würfel schneiden oder raspeln.
④ Das Gemüse zum Hackfleisch geben und mit Salz und Pfeffer abschmecken.
⑤ Die Pfanne mit einem Deckel verschließen und die Hack-Gemüse-Mischung circa 30 Minuten köcheln lassen.
⑥ Vor dem Servieren den Schmand unterheben.

Tipp

Dazu passen Salzkartoffeln und ein frischer Salat.

Nährwert je Portion

Kilokalorien:	587
Fett:	44,3 g
Kohlenhydrate:	14,1 g
Eiweiß:	33 g

Wildfrikadellen mit Pflaumensoße

(für 4 Personen)

Zutaten:

Für die Frikadellen:
1 kl. Zwiebel
1/2 Bund Petersilie
2 mittelgr. gekochte Kartoffeln
500 g Wildhackfleisch
Salz
Pfeffer
1 EL Paniermehl
1 Ei
8 Scheiben geräucherter Schinkenspeck
2 EL Bratöl

Für die Pflaumensoße:
20 g Bratfett oder Margarine
1 kl. Zwiebel
12 Pflaumen aus dem Glas
250 ml Gemüsebrühe
2 EL asiatische Pflaumensoße
Salz
Pfeffer
1 EL dunkle Mehlschwitze

Zubereitung:

1. Für die Frikadellen die Zwiebel schälen und fein reiben.
2. Die Petersilie abspülen und fein hacken.
3. Die Kartoffeln mit einer Gabel zerdrücken.
4. Das Hackfleisch in eine Schüssel geben und mit Salz und Pfeffer würzen.
5. Petersilie, Zwiebel, Paniermehl, Kartoffeln und Ei zufügen und den Teig gut verkneten.
6. Aus dem Fleischteig 8 gleich große Frikadellen formen und diese mit je 1 Scheibe Schinkenspeck umwickeln.
7. Den Schinkenspeck eventuell mit einem Zahnstocher befestigen.
8. Das Öl in der Pfanne erhitzen und die Frikadellen von beiden Seiten gut anbraten.
9. Dann bei geringer Hitze 10 bis 15 Minuten garen, dabei mehrmals wenden.
10. Für die Pflaumensoße das Fett in einem kleinen Topf erhitzen.
11. Die Zwiebel schälen, fein würfeln und im Fett glasig dünsten.
12. Die Pflaumen in kleine Würfel schneiden, zu den Zwiebeln geben und kurz mit anschwitzen lassen.
13. Gemüsebrühe und Pflaumensoße zufügen, alles gut verrühren und einmal aufkochen lassen.
14. Mit Salz und Pfeffer abschmecken und mit der Mehlschwitze binden.
15. Die Soße noch einmal aufkochen lassen und zu den Wildfrikadellen servieren.

Nährwert je Portion

Kilokalorien:	702
Fett:	38,5 g
Kohlenhydrate:	45,7 g
Eiweiß:	43,2 g

Tipp

Dazu schmecken Speckknödel und ein grüner Salat.

Pikante Muffins mit Tomatensoße

(für 4 Personen)

Zubereitung:

① Die Kartoffeln schälen, würfeln, garen, gut abgießen und in einer Schüssel zerstampfen oder durch die Presse drücken.
② Die Zwiebel schälen und fein würfeln, den Koriander hacken, den Sellerie putzen und fein schneiden, den Knoblauch schälen und zerdrücken.
③ Den Backofen auf 160 Grad vorheizen.
④ Das Hackfleisch mit allen Zutaten zu einem Teig verarbeiten und zu 12 Klößen formen.
⑤ Ein Muffinblech mit Papierförmchen auslegen, die Klöße hineingeben und im Ofen auf der untersten Schiene 35 bis 40 Minuten backen.
⑥ In der Zwischenzeit die Zwiebel für die Soße schälen und fein würfeln.
⑦ Alle Zutaten in einen Topf geben, verrühren, aufkochen und 10 Minuten köcheln lassen.
⑧ Die Muffins auf Teller verteilen, mit je einem Korianderblatt verzieren und mit der Soße reichen.

Zutaten:

Für die Hackfleischmuffins:
250 g Kartoffeln
1 Zwiebel
1 EL frischer Koriander
1 Selleriestange, fein geschnitten
2 Knoblauchzehen, zerdrückt
250 g Rinderhackfleisch
2 TL brauner Zucker
1/2 grüne Chili, gehackt
30 g Butter
1 EL Öl
Salz
Pfeffer
Koriander zum Garnieren

Für die Soße:
1 Zwiebel
400 g gewürfelte Tomaten
1 Chili
Paprikapulver
150 g Brühe
2 TL Speisestärke
brauner Zucker
2 EL Olivenöl

Tipp

Wer Koriander nicht mag, kann stattdessen auch Basilikum und Oliven verwenden.

Nährwert je Portion

Kilokalorien:	327
Fett:	19,6 g
Kohlenhydrate:	20,5 g
Eiweiß:	16,8 g

Zutaten:

75 g getrocknete Steinpilze
3 altbackene Brötchen
1 Zwiebel
1 kg gemischtes Hackfleisch
500 g feines Schweinemett
6 Eier
Salz
schwarzer Pfeffer (aus der Mühle)
Muskatnuss
1 Salatgurke
100 g Schalotten
50 g Butterschmalz
$^{1}/_{4}$ l Rotwein
600 g Crème fraîche
3 Bd. Dill (oder 3 EL getrocknete Dillspitzen)

Nährwert je Portion

Kilokalorien:	1702
Fett:	135 g
Kohlenhydrate:	26 g
Eiweiß:	89,3 g

Tipp

Als Beilage eignen sich Kümmelkartoffeln.

Frikadellen in Steinpilzsoße

(für 4 Personen)

Zubereitung:

① Die Steinpilze in 250 Milliliter lauwarmem Wasser einweichen und zugedeckt beiseitestellen.
② Die Brötchenkruste abreiben und die Brötchen in kaltem Wasser einweichen.
③ Die Zwiebel schälen und sehr fein würfeln.
④ Aus Hack, Mett, Eiern, Zwiebelwürfeln und den ausgedrückten Brötchen einen Teig bereiten.
⑤ Mit Salz, Pfeffer und Muskat abschmecken.
⑥ Die Gurke schälen, in kleine Würfel schneiden, mit Salz bestreuen und beiseitestellen. Die Schalotten schälen, fein hacken und auch zur Seite stellen.
⑦ Aus der Hackmasse mit nassen Händen 36 kleine Frikadellen formen.
⑧ In zwei Pfannen je 20 Gramm Butterschmalz erhitzen und die Frikadellen bei mittlerer Hitze 8 bis 10 Minuten nacheinander darin braten.
⑨ Die Schalotten im Bratfett goldbraun dünsten. Dann die Steinpilze mit dem Einweichwasser und dem Rotwein dazugeben und zugedeckt bei mittlerer Hitze 10 bis 12 Minuten schmoren lassen.
⑩ Den Deckel abnehmen, Crème fraîche dazugeben und 10 Minuten einkochen lassen. Die Soße mit Salz und Pfeffer abschmecken.
⑪ Den Backofen auf 225 Grad vorheizen.
⑫ Die Gurkenwürfel in einem Durchschlag abtropfen lassen und im restlichen Butterschmalz glasig dünsten. Den Dill hacken.
⑬ Ein Drittel der Gurkenwürfel in einen Schmortopf geben und mit einem Drittel des Dills bestreuen. 12 Frikadellen darauflegen und mit einem Drittel der Steinpilzsoße begießen.
⑭ Den Vorgang noch zweimal wiederholen.
⑮ Den Schmortopf mit einem Deckel verschließen und im Ofen auf der zweiten Einschubleiste von unten 10 bis 15 Minuten erhitzen.

Gut verpackt

Hackfleisch auf den zweiten Blick: In den folgenden Rezepten versteckt sich würziges Hack unter Lasagneplatten oder wird elegant verpackt in Gemüse oder Blätterteig.

Frühlingsrolle

(für 4 Personen)

Zubereitung:

① Zwiebeln und Knoblauch schälen, fein würfeln und im heißen Fett in einem Topf andünsten.
② Das Hackfleisch zufügen und anbraten.
③ Den Schnittlauch, Porree und Weißkohl putzen, in Streifen beziehungsweise Ringe schneiden, zum Fleisch geben und mitdünsten.
④ Die Champignons putzen, in Scheiben schneiden und zufügen.
⑤ Das Eigelb zum Legieren zufügen.
⑥ Die Hackmasse abkühlen lassen. Dann mit Salz, Pfeffer, Curry, Sojasoße und Paprika abschmecken.
⑦ Den Backofen auf 200 Grad vorheizen.
⑧ Den Blätterteig ausrollen.
⑨ Den geriebenen Käse auf dem Teig verteilen, darüber die Fleisch-Gemüse-Füllung geben. Rundherum einen 3 Zentimeter breiten Rand lassen.
⑩ Die Ränder auf die Füllung schlagen und den Teig aufrollen.
⑪ Den Teig mit der Milch bestreichen.
⑫ Die Frühlingsrolle auf ein gefettetes Backblech geben und 40 bis 60 Minuten im Ofen garen.
⑬ Für die Soße Fett in einem Topf erhitzen, Mehl zugeben und unter ständigem Rühren andünsten.
⑭ Nach und nach mit Brühe und Tomatenketchup ablöschen.
⑮ Die Soße aufkochen und fünf Minuten in der Nachwärme quellen lassen.
⑯ Die Frühlingsrolle aufschneiden und mit der Soße servieren.

Zutaten:

2 Zwiebeln
1 Knoblauchzehe
25 g Fett
200 g Hackfleisch
1/2 Bund Schnittlauch
2 kl. Stangen Porree
1/2 kl. Kopf Weißkohl
150 g Champignons
2 Eigelb
Salz
1 EL Pfeffer
1 EL Curry
2 EL Sojasoße
1 TL Paprika
6 Platten Blätterteig
200 g ger. Käse
1 EL Milch
30 g Fett
40 g Mehl
1/2 l Flüssigkeit (Tomatenketchup und Brühe)

Nährwert je Portion

Kilokalorien:	680
Fett:	45,3 g
Kohlenhydrate:	29,3 g
Eiweiß:	38,8 g

Blätterteigtaschen mit Hackfleischfüllung

(für 4 Personen)

Zubereitung:

① Die Blätterteigplatten nebeneinanderlegen und antauen lassen.
② Den Teig in 8 gleich große Quadrate schneiden.
③ Den Backofen auf 200 Grad vorheizen.
④ Das Hackfleisch in eine Schüssel geben.
⑤ Die Zwiebel und den Knoblauch schälen, die Zwiebel fein würfeln, den Knoblauch pressen. Beides zum Hackfleisch geben.
⑥ Mit Salz, Pfeffer und Paprika würzen.
⑦ Den Käse in Würfel schneiden und zufügen.
⑧ Die Champignons putzen, in Würfel schneiden und zum Hackfleisch geben.
⑨ Die Kräuter hacken und ebenfalls zum Hackfleisch geben.
⑩ Alle Zutaten zu einem Teig verarbeiten.
⑪ Die Hackfleischmasse in Portionen auf den Blätterteig legen, dabei jeweils einen kleinen Rand lassen und diesen mit Eigelb bestreichen.
⑫ Die Platten zu Dreiecken zusammenklappen, die Ränder fest andrücken.
⑬ Die Taschen mit Eigelb bestreichen und 15 bis 20 Minuten backen.

Zutaten:

275 g Blätterteig in Platten (TK)
250 g gemischtes Hackfleisch
1 kl. Zwiebel
1 Knoblauchzehe
Salz
Pfeffer
Paprika
100 g Feta oder Gouda
5–6 Champignons
Kräuter
1 Eigelb

Nährwert je Portion

Kilokalorien:	525
Fett:	40 g
Kohlenhydrate:	21,4 g
Eiweiß:	20,92 g

Tipp

Ein leckeres kleines Gericht, das sich schnell und leicht zubereiten lässt und gut zu einem frischen Salat passt.

Krautwickel
(für 4 Personen)

Zutaten:

8 schöne große Wirsingblätter
2 Zwiebeln
1 Knoblauchzehe
3 EL Olivenöl
400 g Mett oder gemischtes Hackfleisch
50 g frisch geriebener Parmesan
4 eingelegte Sardellenfilets
10 schwarze oder grüne Oliven, entsteint
2 hart gekochte Eier
Pfeffer
Salz
800 g geschälte Tomaten im Glas
2 EL Tomatenmark
2 EL Balsamicoessig
Zucker
Rotwein
Chilipulver

Nährwert je Portion

Kilokalorien:	517
Fett:	35,8 g
Kohlenhydrate:	11,4 g
Eiweiß:	36,3 g

Zubereitung:

① Die Wirsingblätter in Salzwasser 8 bis 10 Minuten sprudelnd kochen, dann vorsichtig abgießen, die Blätter abschrecken und auf Küchenkrepp abtropfen lassen.
② Die Zwiebeln und den Knoblauch schälen, fein hacken, in 1 Esslöffel Olivenöl andünsten, auskühlen lassen.
③ Das Hackfleisch mit den Zwiebelwürfeln und dem Parmesan vermengen.
④ Sardellen, Oliven und Eier fein hacken und gut unter die Fleischmasse kneten. Restliches Olivenöl dazugeben, pfeffern und salzen.
⑤ Die Tomaten mit Saft in einen Topf geben, etwas zerdrücken und erhitzen.
⑥ Das Tomatenmark einrühren und offen einköcheln lassen.
⑦ Mit Salz, Pfeffer, Balsamicoessig, Zucker, Rotwein und Chili abschmecken.
⑧ Die Wirsingblätter flach auslegen. Die Füllung in 8 längliche Portionen teilen, auf die Blätter legen, seitlich die Ränder einschlagen, aufrollen, eventuell mit Zahnstochern fixieren.
⑨ Die Wickel in die Soße geben und zugedeckt circa 30 Minuten bei geringer Hitze schmoren lassen.

Tipp

Dazu passt Kartoffelpüree oder Vollkornreis.

Schnelle Ratatouille-Lasagne
(für 4 Personen)

Zubereitung:

1. Das Öl in der Pfanne erhitzen und das Hackfleisch krümelig anbraten.
2. Die Zwiebeln und den Knoblauch schälen, fein hacken und zum Hackfleisch geben.
3. Das Hackfleisch mit Salz und buntem Pfeffer würzen.
4. Das Ratatouillegemüse (mit der Soße aus dem Glas) zufügen und kurz mit andünsten.
5. Die heiße Gemüsebrühe zugießen.
6. Den Soßenbinder einrühren und die Hackfleisch-Gemüse-Mischung kurz aufkochen lassen.
7. Mit Oregano und Thymian würzen.
8. Den Backofen auf 200 Grad vorheizen.
9. Für die Béchamelsoße Butter oder Margarine in einem Topf zerlassen und das Mehl darin anschwitzen.
10. Die Milch portionsweise zugießen, dabei immer wieder glatt rühren und einmal aufkochen lassen.
11. Mit Salz und Pfeffer abschmecken.
12. Eine möglichst rechteckige Auflaufform mit Margarine einfetten.
13. Die Form mit einer Schicht Lasagneplatten auslegen.
14. Die Hälfte der Hackfleischmischung darüber verteilen, darüber ein Drittel Soße und ein Drittel geriebenen Käse geben.
15. Diese Schichtung ein zweites Mal wiederholen.
16. Zum Abschluss eine Schicht Lasagneplatten auflegen, die restliche Béchamelsoße darüber verteilen und den restlichen Käse überstreuen.
17. Die Lasagne im Backofen 40 Minuten garen lassen.

Zutaten:

2 EL Bratöl
500 g gemischtes Hackfleisch oder Lammhackfleisch
2 Zwiebeln
2–3 Knoblauchzehen
Salz
bunter Pfeffer aus der Mühle
850 g Ratatouille-Gemüse aus der Dose
300 ml heiße Gemüsebrühe
1 EL dunkler Soßenbinder
Oregano
Thymian
500 g Lasagneplatten
300 g ger. Käse

Für die Béchamelsoße:
50 g Butter oder Margarine
$1^1/_2$ EL Mehl
500 ml Milch
Salz
Pfeffer

Nährwert je Portion

Kilokalorien:	1293
Fett:	65,5 g
Kohlenhydrate:	104 g
Eiweiß:	70,8 g

Tipp

Die Lasagneplatten müssen vollständig mit Soße bedeckt sein, da sie sonst hart werden.

Champignonlasagne

(für 4 Personen)

Zubereitung:

① 2 Esslöffel Öl in einer tiefen Pfanne erhitzen und das Hackfleisch darin krümelig anbraten.
② Die Lauchzwiebeln putzen, in feine Ringe schneiden und mit andünsten.
③ Das Hack mit Salz, Pfeffer und Paprika würzen und circa 5 Minuten bei geringer Hitze garen lassen.
④ In der Zwischenzeit die Champignons waschen, putzen und in Scheiben schneiden.
⑤ Die Hackfleischmischung aus der Pfanne nehmen und warm stellen.
⑥ Die Champignons in die Pfanne geben (eventuell noch etwas Öl zugießen) und circa 5 Minuten andünsten, dabei mehrmals wenden. Mit Kräutersalz würzen.
⑦ Das Hackfleisch und die gestückelten Tomaten zu den Champignons geben.
⑧ Die Mischung gut vermengen, mit Oregano und Thymian abschmecken und zur Seite stellen.
⑨ Den Backofen auf 200 Grad vorheizen.
⑩ Für die Béchamelsoße Butter oder Margarine in einem Topf zerlassen und das Mehl darin anschwitzen.
⑪ Die Milch langsam zugießen, dabei immer wieder glatt rühren.
⑫ Mit Salz und Pfeffer abschmecken.
⑬ Die Soße einmal aufkochen lassen und vom Herd nehmen.
⑭ Eine möglichst rechteckige Auflaufform mit Margarine einfetten.
⑮ Die Form mit einer Schicht Lasagneplatten auslegen.
⑯ Die Hälfte der Hackfleisch-Champignon-Mischung darüber verteilen, darüber ein Drittel Soße und ein Drittel geriebenen Käse geben.
⑰ Diese Schichtung ein zweites Mal wiederholen.
⑱ Zum Abschluss eine Schicht Lasagneplatten auflegen, die restliche Béchamelsoße darüber verteilen und den restlichen Käse überstreuen.
⑲ Die Lasagne im Backofen 45 Minuten garen lassen.

Zutaten:

2–3 EL Bratöl
500 g gemischtes Hackfleisch
1 Bund Lauchzwiebeln
Salz
Pfeffer
Paprika, edelsüß
500 g Champignons
Kräutersalz
1 Pck. (370 g) gestückelte Tomaten mit Kräutern
Oregano
Thymian
Margarine zum Einfetten der Form
500 g Lasagneplatten
200 g ger. Käse

Für die Béchamelsoße:
50 g Butter oder Margarine
1 1/2 EL Mehl
500 ml Milch
Salz
Pfeffer

Nährwert je Portion

Kilokalorien:	1135
Fett:	53,3 g
Kohlenhydrate:	99,8 g
Eiweiß:	63,3 g

Blumenkohlauflauf

(für 4 Personen)

Zutaten:

1 Blumenkohl
1 TL Salz
1 TL Gemüsebrühe (Instant)
1 Zwiebel
50 g Margarine
400 g gemischtes Hackfleisch
Salz
Pfeffer
Fett für die Form
40 g Mehl
400 ml Milch
Kräutersalz
Muskatnuss
150 g ger. mittelalter Gouda

Nährwert je Portion

Kilokalorien:	597
Fett:	43,5 g
Kohlenhydrate:	16,3 g
Eiweiß:	35,8 g

Zubereitung:

① Den Blumenkohl putzen, in Röschen teilen und unter kaltem Wasser abbrausen.
② Wasser mit Salz und Brühe zum Kochen bringen und die Blumenkohlröschen darin circa 15 Minuten bissfest kochen, anschließend auf einem Sieb abtropfen lassen.
③ Die Zwiebel schälen und fein würfeln.
④ Die Hälfte der Margarine in einer Pfanne erhitzen.
⑤ Das Hackfleisch und die Zwiebelwürfel krümelig anbraten.
⑥ Das Hackfleisch mit Salz und Pfeffer würzen.
⑦ Den Backofen auf 200 Grad vorheizen.
⑧ Eine feuerfeste Auflaufform einfetten.
⑨ Das Hackfleisch in die Form geben.
⑩ Die Blumenkohlröschen vorsichtig auf dem Hack verteilen.
⑪ Die restliche Margarine in einem kleinen Topf zerlassen.
⑫ Das Mehl darin anschwitzen und die Milch portionsweise unter ständigem Rühren zugießen, immer wieder glatt rühren und einmal kurz aufkochen lassen.
⑬ Die Mehlschwitze mit Kräutersalz und Muskatnuss abschmecken.
⑭ Die Soße über den Blumenkohl geben.
⑮ Den geriebenen Käse über dem Auflauf verteilen.
⑯ Den Auflauf circa 20 Minuten im Ofen überbacken lassen.

Tipp

Dazu schmeckt am besten Kartoffelpüree.

Gefüllte Kohlrabi
(für 4 Personen)

Zutaten:

4 Kohlrabi
350 g gemischtes Hackfleisch
Salz
Pfeffer
1 kl. Zwiebel
1 Ei
1 EL Paniermehl
2 TL Tomatenrelish
200 g ger. Käse
Fett für die Form
150 ml Gemüsebrühe

Zubereitung:

① Die Kohlrabi putzen und schälen.
② Einen Deckel von jedem Kohlrabi abschneiden und das Gemüse vorsichtig so aushöhlen, dass ein nicht allzu dicker Rand stehen bleibt.
③ Den Backofen auf 200 Grad vorheizen.
④ Für die Füllung das Hackfleisch in eine Schüssel geben und mit Salz und Pfeffer würzen.
⑤ Die Zwiebel schälen, fein hacken und mit dem Ei, dem Paniermehl und dem Tomatenrelish unter das Hackfleisch mischen.
⑥ Ein Drittel des Käses unter die Fleischfüllung mischen.
⑦ Die Kohlrabi in eine gefettete Auflaufform setzen und mit dem Hackfleisch füllen.
⑧ Die Brühe vorsichtig zugießen und die Kohlrabi mit dem restlichen Käse dick belegen.
⑨ Die Kohlrabi 40 Minuten im Backofen garen lassen.

Nährwert je Portion

Kilokalorien:	435
Fett:	28,3 g
Kohlenhydrate:	8,1 g
Eiweiß:	36,8 g

Tipp

Dazu reichen Sie am besten Salzkartoffeln.

Fruchtige Hackfleischpastete
(für 4 Personen)

Zubereitung:

① Die Kartoffeln in kochendem Wasser 10 Minuten garen, abgießen und abtropfen.
② Butter und Öl in einer Pfanne erhitzen, das Hackfleisch scharf anbraten, die Zwiebelscheiben mit andünsten.
③ Den Backofen auf 200 Grad vorheizen.
④ Das Mehl einrühren, Milch und Crème double zugießen, alles gut verrühren und aufkochen.
⑤ Sellerie, Nüsse, Aprikosen, Apfelstücke, Petersilie und Kartoffeln zugeben, mit Salz und Pfeffer würzen.
⑥ Alles in eine Auflaufform geben.
⑦ Den Mürbeteig auf bemehlter Fläche ausrollen und über den Auflauf legen.
⑧ Den Teig gut andrücken und mit dem verquirlten Ei bepinseln.
⑨ Die Pastete 25 bis 30 Minuten im Ofen backen.

Zutaten:

300 g festkochende Kartoffeln, geschält und gewürfelt
25 g Butter
1 EL Öl
300 g gemischtes Hackfleisch
1 rote Zwiebel in feinen Scheiben
25 g Mehl
300 ml Milch
150 g Crème double
2 Selleriestangen, gehackt
25 g Walnüsse, gehackt
80 g getrocknete Aprikosen, klein gehackt
1 süßer Apfel, klein gewürfelt
2 EL geh. Petersilie
Salz
Pfeffer
225 g fertiger Mürbeteig
1 Ei

Nährwert je Portion

Kilokalorien:	847
Fett:	56 g
Kohlenhydrate:	58,3 g
Eiweiß:	27,2 g

Safranravioli mit Hackfleischfüllung in Weißweinsoße

(für 4 Personen)

Zubereitung:

① Für den Ravioliteig die Safranfäden mit 2 Esslöffel Wasser anrühren.
② Das Mehl sieben, eine Mulde in die Mitte drücken. Salz, Eier, Eigelb, Safran und Öl in die Mulde geben und alles zu einem geschmeidigen Teig verarbeiten. In Folie wickeln und 1 Stunde im Kühlschrank ruhen lassen.
③ Für die Füllung den Spinat putzen, abtropfen lassen.
④ Die Butter in einer Pfanne erhitzen, den Spinat hineingeben und zusammenfallen lassen, mit Salz und Pfeffer würzen. Abkühlen lassen.
⑤ Das Hackfleisch unter den abgekühlten Spinat mischen. Mit Eiern, Zwiebelwürfeln und ausgedrücktem Brötchen vermengen. Mit Salz, Pfeffer und Muskat abschmecken.
⑥ Den Nudelteig dünn ausrollen und in Quadrate (circa 8 Zentimeter Seitenlänge) schneiden. Jeweils zur Hälfte mit der Hackfleischmasse belegen. Den Teigrand mit Eiweiß bestreichen, zusammenklappen und den Rand festdrücken.
⑦ Die Ravioli in siedendem Salzwasser 15 Minuten gar ziehen lassen.
⑧ Für die Soße die Tomaten putzen und in Olivenöl dünsten.
⑨ Weißwein und Fleischfond zur Hälfte einkochen.
⑩ Die Stärke anrühren und die Soße damit binden, aufkochen lassen.
⑪ Die Sahne zugeben, mit Salz und Pfeffer abschmecken und mit dem Pürierstab aufschäumen.
⑫ Die Ravioli mit Tomaten und Soße anrichten.

Zutaten:

Für den Ravioliteig:
2 Prisen Safranfäden
500 g Mehl
1 TL Salz
4 Eier
2 Eigelb
4 EL Olivenöl

Für die Füllung:
500 g junger Blattspinat
4 EL Butter
Salz
Pfeffer
450 g Lammhackfleisch
2 Eier
1 Zwiebel in Würfeln
1 altbackenes, eingeweichtes Brötchen
Muskat
1 Eiweiß

Für die Soße:
8 Kirschtomaten
1 EL Olivenöl
400 ml Weißwein
300 ml Fleischfond
2 EL Speisestärke
120 g Sahne
Salz
Pfeffer

Nährwert je Portion

Kilokalorien:	1317
Fett:	61 g
Kohlenhydrate:	120 g
Eiweiß:	64 g

Gefülltes Gemüse

(für 4 Personen)

Zubereitung:

① Das Gemüse putzen.
② Die Möhren fein reiben.
③ Die Zucchini längs halbieren und aushöhlen.
④ Die Paprika halbieren und entkernen.
⑤ Die Zwiebeln schälen und aushöhlen.
⑥ Zucchini, Paprika und Zwiebeln mit der Schnittseite nach oben in eine Auflaufform legen.
⑦ Den Backofen auf 180 Grad (Umluft) vorheizen.
⑧ Aus Hackfleisch, Eiern, Zwiebelwürfeln, Paniermehl und Gewürzen einen Hackteig herstellen.
⑨ Die Hackmischung in das vorbereitete Gemüse füllen.
⑩ Das gefüllte Gemüse 25 bis 30 Minuten im Ofen garen.
⑪ Die Form aus dem Ofen nehmen, die entstandene Flüssigkeit in einen Topf geben.
⑫ Den Schmand unterrühren. Eventuell etwas Sahne zufügen, falls die Soßenmenge zu gering oder die Soße zu fest ist.
⑬ Abschließend die Soße mit Salz, Pfeffer und Thymian abschmecken.

Zutaten:

100 g Möhren
2 Zucchini à 300 g
1 Paprika
2 gr. Zwiebeln
600 g gemischtes Hackfleisch
2 Eier
120 g Zwiebelwürfel
6 EL Paniermehl
3 TL Thymian
2 TL Salz
Pfeffer
250 g Schmand
evtl. etwas Sahne

Nährwert je Portion

Kilokalorien:	700
Fett:	50 g
Kohlenhydrate:	23,5 g
Eiweiß:	38,8 g

Tipp

Als Beilage eignen sich Salzkartoffeln.

Hackfleischgugelhupf im Lauch-Käse-Mantel

(für 4 Personen)

Zubereitung:

① Das Brötchen in Wasser einweichen.
② Die Zwiebel schälen und in feine Würfel schneiden.
③ Das Hackfleisch mit Salz und Pfeffer würzen, mit dem ausgedrückten Brötchen, den Zwiebelwürfeln und dem Ei vermengen. Nochmals abschmecken.
④ Den Porree putzen, waschen, etwa die Hälfte vom Grünen abschneiden. Die einzelnen Blätter ablösen, in Salzwasser einige Minuten blanchieren, dann abtropfen lassen.
⑤ Den Backofen auf 180 bis 200 Grad vorheizen.
⑥ Eine Gugelhupfform (20 Zentimeter Durchmesser) einfetten.
⑦ Die Porreestreifen so hineinlegen, dass sie am Rand etwas überlappen.
⑧ Die Schinkenwürfel als Kranz hineinstreuen.
⑨ Den Käse in Scheiben schneiden, die Scheiben halbieren und über den Porree an den Rand legen.
⑩ Ein Drittel des Hackfleischteiges in die Form geben, etwas andrücken.
⑪ Die Möhren putzen und in 1/2 Zentimeter dicke Scheiben schneiden.
⑫ Die Möhrenscheiben kurz blanchieren, über dem Hackfleisch verteilen.
⑬ Ein zweites Mal Hackfleisch einfüllen, darüber die Spargelstangen verteilen.
⑭ Das restliche Hackfleisch in die Form geben.
⑮ Die Champignons darüber verteilen und den überlappenden Porree darüberlegen.
⑯ Den Gugelhupf etwa 1 Stunde backen. Eventuell mit Alufolie abdecken.
⑰ Den Gugelhupf etwas stehen lassen, danach auf eine tiefe Platte stürzen. Eventuelle Flüssigkeit ablaufen lassen.
⑱ In Stücke schneiden und servieren.

Zutaten:

1/2 altbackenes Brötchen
1 Zwiebel
500 g gemischtes Hackfleisch
Salz
Pfeffer
1 Ei
2 dicke Stangen Porree (700 g)
2 EL magere Schinkenwürfel
125 g Käse
2 mittelgr. Möhren
6 Stangen Spargel aus dem Glas
170 g Champignons aus dem Glas
Fett für die Form

Nährwert je Portion

Kilokalorien:	535
Fett:	32,7 g
Kohlenhydrate:	16,4 g
Eiweiß:	43,3 g

Versteckter Hackbraten

(für 4 Personen)

Zubereitung:

1. Die Wirsingkohlblätter in kochendes Salzwasser geben und circa 7 Minuten kochen lassen. Gut abtropfen lassen.
2. Die Zwiebel schälen und fein würfeln.
3. Die Möhren putzen und reiben.
4. Den Speck fein würfeln.
5. Den Knoblauch schälen und pressen.
6. Das Hackfleisch in eine Schüssel geben. Mit Zwiebel- und Speckwürfeln, Knoblauch, Semmelbröseln, Worcestersoße, Eiern, Salz und Pfeffer gut vermengen.
7. Den Backofen auf 180 Grad vorheizen.
8. Die Wirsingblätter in eine gefettete Auflaufform legen, dabei etwas über den Rand herausstehen lassen.
9. Die Hälfte der Hackmasse in die Form füllen.
10. Dann die Möhrenraspel auf das Fleisch streichen.
11. Die restliche Hackmasse darüber verteilen.
12. Die Kohlblätter über das Fleisch klappen und mit Alufolie abdecken.
13. Im Backofen im Wasserbad circa 2 Stunden garen.
14. Für die Soße die Butter in einem Topf schmelzen lassen.
15. Das Mehl zugeben und mit der Brühe lösen.
16. Den Schmelzkäse zugeben und auflösen lassen.
17. Mit Sahne verfeinern.

Zutaten:

8 mittelgr. Wirsingkohlblätter
1 Zwiebel
350 g Möhren
100 g durchwachsener Speck
1 Knoblauchzehe
500 g gemischtes Hackfleisch
75 g Semmelbrösel
1 EL Worcestersoße
2 Eier
Salz
Pfeffer
30 g Butter
40 g Mehl
$^1/_2$ l Brühe
200 g Schmelzkäse
100 g Sahne

Nährwert je Portion

Kilokalorien:	852
Fett:	62,3 g
Kohlenhydrate:	30 g
Eiweiß:	43,5 g

Tipp

Dazu passen Kartoffelpüree und buntes Gemüse.

Pikante Reistorte im Wirsingmantel

(für 4 Personen)

Zutaten:

$^1/_2$ l Fleischbrühe
200 g Langkornreis
Kräuter und Gewürze nach Geschmack
1 EL Butter
500 g gemischtes Hackfleisch oder Lammhackfleisch
1 Ei
1 EL Paniermehl
Salz
Pfeffer
12–16 Wirsingblätter
200 g feine Erbsen
100 g Paprikawürfel
Butter für die Form

Nährwert je Portion

Kilokalorien:	685
Fett:	33,5 g
Kohlenhydrate:	52,2 g
Eiweiß:	43 g

Zubereitung:

① Die Brühe in einem Topf zum Kochen bringen.
② Den Reis mit Kräutern und Gewürzen ins kochende Wasser geben, Butter zufügen und den Reis zugedeckt bei milder Hitze 15 bis 20 Minuten ausquellen lassen.
③ Den gegarten Reis etwas auskühlen lassen.
④ In der Zwischenzeit Hackfleisch, Ei, Paniermehl, Salz und Pfeffer verkneten.
⑤ Den abgekühlten Reis mit dem Hack vermischen.
⑥ Die Wirsingblätter 4 bis 5 Minuten in Salzwasser blanchieren, abgießen, kalt abschrecken und gut abtropfen lassen.
⑦ Den Backofen auf 180 Grad vorheizen.
⑧ Eine breite Auflaufform ausbuttern und mit den Wirsingblättern so auslegen, dass die Hälfte der Blätter über den Rand reicht.
⑨ Die Reis-Fleisch-Masse in die Form geben. Erbsen und Paprikawürfel darüber verteilen, die überstehenden Wirsingblätter über die Füllung klappen.
⑩ Die Auflaufform mit einem Deckel schließen und circa 45 Minuten im Ofen backen.
⑪ Die fertige Reistorte in der Form servieren.

Tipp

Zu dieser herzhaften Torte passt eine pikante Tomatensoße.

Suppen-zeit

Suppen mit Hackfleisch sind ein beliebter Klassiker auf Partys. Hier finden Sie besondere Variationen, die sich gut vorbereiten lassen und Ihren Gästen prima schmecken werden. Aber auch Ihre Familie wird sich garantiert über eine der Suppen auf den folgenden Seiten freuen.

Glasnudelsuppe

(für 4 bis 6 Personen)

Zubereitung:

1. Die Zwiebel schälen und grob würfeln.
2. Die Knoblauchzehen schälen und fein würfeln.
3. Die Möhren waschen, schälen und in Stifte schneiden.
4. Den Porree putzen, halbieren und in halbe Ringe schneiden.
5. Das Öl in einem Suppentopf erhitzen und das Hackfleisch darin krümelig anbraten.
6. Zwiebel, Knoblauch und Gemüse zum Hackfleisch geben und mit anschmoren lassen.
7. Die Bohnenkeime abtropfen lassen und zufügen.
8. Das Curryrelish unterrühren und alles mit der Brühe auffüllen.
9. Mit Salz, Pfeffer und Curry würzen.
10. Die Suppe zum Kochen bringen und bei geringer Hitze 10 Minuten köcheln lassen.
11. Die Glasnudeln eventuell einmal durchbrechen oder durchschneiden, mit in den Topf geben und die Suppe nochmals 2 bis 3 Minuten köcheln lassen.
12. Die Speisestärke mit etwas Wasser anrühren und die Suppe damit zur gewünschten Konsistenz binden.
13. Die Suppe mit Curry, Weißweinessig und Sojasoße abschmecken.

Zutaten:

1 gr. Zwiebel
1–2 Knoblauchzehen
2 gr. Möhren
1 Stange Porree
2 EL Bratöl
500 g gemischtes Hackfleisch oder Geflügelhackfleisch
1 Glas Bohnenkeime (370 g)
3 EL Curryrelish
$1^1/_2$ l Gemüse- oder Fleischbrühe
Salz
Pfeffer
Curry
100 g Glasnudeln
1–2 EL Speisestärke
Weißweinessig
Sojasoße

Nährwert je Portion

Kilokalorien:	485
Fett:	29,5 g
Kohlenhydrate:	22,9 g
Eiweiß:	32 g

Tipp

Dazu schmeckt ofenwarmes Stangenbrot besonders gut.

Partysuppe nach Pizza-Art

(für 6 Personen)

Zutaten:

400 g Champignons
40 g Margarine
Kräutersalz
1 kg Mett (fertig gewürzt)
1 Bund Lauchzwiebeln
3 Fleischtomaten
1 rote Paprika
1 grüne Paprika
1 gelbe Paprika
1 Dose Mais (ca. 300 g)
300 g Passata
$1^1/_4$ l Fleischbrühe
200 g Schmelzkäse „Sahne"
200 g Schmelzkäse „Kräuter"
300 g Sahne
Oregano
Thymian

Nährwert je Portion

Kilokalorien:	1710
Fett:	130 g
Kohlenhydrate:	63,3 g
Eiweiß:	73,5 g

Zubereitung:

① Die Champignons putzen und in Scheiben schneiden.
② 10 Gramm der Margarine in einer Pfanne zerlassen und die Champignons darin kurz anschmoren.
③ Mit etwas Kräutersalz würzen und zur Seite stellen.
④ Die restliche Margarine in einem hohen Suppentopf zerlassen.
⑤ Das Mett darin krümelig anbraten.
⑥ Die Lauchzwiebeln putzen, in feine Streifen schneiden und mit dem Mett andünsten.
⑦ In der Zwischenzeit die Tomaten mit heißem Wasser überbrühen, abziehen, vierteln und in Spalten schneiden.
⑧ Die Paprika waschen, putzen und in Streifen schneiden.
⑨ Den Mais gut abtropfen lassen.
⑩ Tomaten, Champignons, Paprika und Mais mit in den Topf geben.
⑪ Die Passata und 1 Liter der Fleischbrühe zugießen.
⑫ Alles einmal aufkochen und circa 10 Minuten bei geringer Hitze garen lassen.
⑬ Die restliche Brühe in einem kleinen Topf erwärmen.
⑭ Den Schmelzkäse darin unter ständigem Rühren bei geringer Hitze auflösen.
⑮ Den geschmolzenen Käse und die Sahne mit in die Suppe rühren.
⑯ Die Suppe noch einmal erhitzen und mit Oregano und Thymian abschmecken.

Bohnensuppe mit Rotwein

(für 4 bis 6 Personen)

Zutaten:

400 g grüne Bohnen
1 l Wasser
etwas Bohnenkraut
1 gr. Gemüsezwiebel
2 Knoblauchzehen
1 grüne Paprika
150 g Cabanossi
30 g Margarine
400 g gemischtes Hackfleisch
Salz
Pfeffer
Paprika, edelsüß
2 EL Tomatenmark
800 ml Fleischbrühe
250 ml Rotwein
Chilipulver

Zubereitung:

① Die Bohnen waschen, putzen und in mundgerechte Stücke schneiden.
② Das Wasser mit dem Salz und dem Bohnenkraut zum Kochen bringen und die Bohnen darin bei geringer Hitze circa 20 Minuten garen.
③ In der Zwischenzeit die Gemüsezwiebel schälen, vierteln und in Scheiben schneiden.
④ Die Knoblauchzehen schälen und fein würfeln.
⑤ Die Paprika waschen, Strunk und Kerne entfernen und in Streifen schneiden.
⑥ Die Cabanossi in Scheiben schneiden.
⑦ Die gegarten Bohnen auf ein Sieb schütten und abtropfen lassen.
⑧ Die Margarine in einem Suppentopf zerlassen.
⑨ Das Hackfleisch darin krümelig anbraten.
⑩ Mit Salz, Pfeffer und Paprika würzen.
⑪ Zwiebel, Knoblauch und Cabanossi zufügen und mit anschmoren lassen.
⑫ Paprika und Tomatenmark ebenfalls zufügen und alles gut vermengen.
⑬ Fleischbrühe und Rotwein zugießen, alles einmal aufkochen und bei geringer Hitze 10 Minuten gar köcheln lassen.
⑭ Die Bohnen zufügen und die Suppe noch einmal aufkochen lassen.
⑮ Die Suppe mit Salz, Paprika und Chili abschmecken.

Nährwert je Portion

Kilokalorien:	415
Fett:	28,5 g
Kohlenhydrate:	7,9 g
Eiweiß:	26,2 g

Tipp

Dazu passt dünn geschnittenes Bauernbrot. Besonders lecker: Getrocknete Minze und Chiliflocken mit geschmolzener Butter verrühren, auf das Brot streichen und kurz überbacken.

Hackfleischeintopf
mit Dillschmand und Bauernbrot
(für 4 Personen)

Zubereitung:

① Die Zwiebeln und den Knoblauch schälen und fein hacken.
② Die Chilischote putzen, entkernen und fein schneiden.
③ Die Steckrüben schälen und in 1 Zentimeter große Würfel schneiden.
④ Die Kartoffeln schälen und fein würfeln.
⑤ Die Maronen am spitzen Ende mit einem scharfen Messer kreuzweise einschneiden. In kochendem Wasser etwa 15 Minuten garen, bis sich die äußere Schale etwas löst. Von den noch heißen Maronen die Schale und die Innenhaut abziehen, die Maronen grob hacken.
⑥ Die Möhre schälen und in feine Scheiben schneiden.
⑦ Den Sellerie putzen, waschen, entfädeln und würfeln.
⑧ Die Zucchini waschen und in 1 Zentimeter dicke Scheiben schneiden.
⑨ Das Öl in einem Bräter erhitzen. Die Zwiebeln und den Knoblauch andünsten.
⑩ Das Hackfleisch zufügen und krümelig braten. Mit Salz und Pfeffer würzen.
⑪ Den Chili dazugeben, das Tomatenmark einrühren und 1 Minute mitrösten.
⑫ Mit Rotwein ablöschen und stark einköcheln lassen.
⑬ Die Brühe und 200 Milliliter Wasser zugeben und aufkochen lassen.
⑭ Steckrüben, Kartoffeln und Maronen zugeben und 20 bis 25 Minuten leise köcheln lassen.
⑮ 10 Minuten vor Ende der Garzeit Möhren, Sellerie und Zucchini zugeben. Eventuell etwas Brühe nachgießen.
⑯ Inzwischen 400 Milliliter leicht gesalzenes Wasser aufkochen. Den Topf von der Kochstelle nehmen und den Bulgur zugeben. Einmal umrühren und zugedeckt 25 Minuten quellen lassen.
⑰ Für die Soße den Dill abzupfen, mit Schmand im Küchenmixer fein pürieren. Mit Salz und Zucker würzen.
⑱ Den Eintopf und den Bulgur in eine große vorgewärmte Schale geben, locker vermischen, mit Petersilie dekorieren und sofort servieren.

Zutaten:

2 Zwiebeln
2 kl. Knoblauchzehen
1 rote Chilischote
250 g Steckrüben
2 mittelgr. Kartoffeln
100 g Maronen
1 Möhre
100 g Staudensellerie
1 Zucchini
2–3 EL Rapsöl
600 g gemischtes Hackfleisch
Meersalz
weißer Pfeffer aus der Mühle
1 EL Tomatenmark
200 g trockener Rotwein
500 ml Rindfleischbrühe
100 g Bulgur

Für den Schmand:
5 Stiele Dill
250 g Schmand
Salz
1 Prise Zucker

Zum Garnieren:
Petersilienblättchen

Nährwert je Portion

Kilokalorien:	890
Fett:	52,7 g
Kohlenhydrate:	51,8 g
Eiweiß:	43,5 g

Kartoffelsuppe mit Porree und Hack

(für 4 Personen)

Zutaten:

1,2 kg Kartoffeln
250 g Porree
4 TL Gemüsebrühe (Instant)
2 EL Öl
500 g Schweinehackfleisch
Salz
Pfeffer
Muskat

Zubereitung:

① Die Kartoffeln schälen und in Würfel schneiden.
② Den Porree putzen und in Ringe schneiden.
③ Die Kartoffeln in 1 Liter Wasser mit Gemüsebrühe kochen, dann pürieren.
④ Den Porree circa 10 Minuten gar kochen.
⑤ Das Öl in einer Pfanne erhitzen und das Hackfleisch darin krümelig anbraten und garen.
⑥ Porree und Hack in die Kartoffelsuppe geben.
⑦ Mit Salz, Pfeffer, Gemüsebrühe und Muskat abschmecken.

Nährwert je Portion

Kilokalorien:	535
Fett:	28,5 g
Kohlenhydrate:	39 g
Eiweiß:	29,5 g

Tipp

Falls die Suppe zu dick ist, mit Kochwasser vom Porree verdünnen. Nach Geschmack mit etwas Sahne verfeinern.

Kohlsuppe

(für 4 Personen)

Zutaten:

2 Zwiebeln
1 Weißkohl
2 EL Öl
500 g gemischtes Hackfleisch
400 ml passierte Tomaten
600 ml Wasser
Salz
Pfeffer
Gemüsebrühe (Instant)

Zubereitung:

① Die Zwiebeln schälen und in Würfel schneiden.
② Den Kohl putzen und in feine Streifen schneiden.
③ Das Öl in einem zweiten Topf erhitzen und das Hackfleisch darin krümelig anbraten.

④ Die Zwiebelwürfel und die Hälfte der Kohlstreifen dazugeben und leicht mit anbraten.
⑤ Den restlichen Kohl mit in die Pfanne geben.
⑥ Die passierten Tomaten und das Wasser zugeben.
⑦ Mit Salz, Pfeffer und Brühe würzen.
⑧ Die Suppe 30 Minuten kochen lassen.
⑨ Vor dem Servieren nochmals abschmecken.

Nährwert je Portion

Kilokalorien:	407
Fett:	24,8 g
Kohlenhydrate:	16,9 g
Eiweiß:	29 g

Tipp

Wer mag, kann die Suppe auch mit Kümmel abschmecken. Dazu schmeckt Kräuterbaguette.

Hackfleisch-Gemüse-Eintopf

(für 4 Personen)

Zutaten:

1 Zwiebel
2 EL Rapsöl
375 g Hackfleisch
Salz
Pfeffer
Paprikapulver
2 EL Tomatenmark
2 EL Brühe (Instant)
1 1/2 l Wasser
300 g Leipziger Allerlei
250 g Nudeln
Kräuter nach Geschmack

Zubereitung:

① Die Zwiebel schälen und in Würfel schneiden.
② Das Rapsöl in einem Topf erhitzen.
③ Das Hackfleisch zufügen und braun anbraten.
④ Die Zwiebelwürfel dazugeben und leicht anbräunen lassen.
⑤ Mit Salz, Pfeffer und Paprika kräftig würzen.
⑥ Das Tomatenmark und die Brühe sowie das Wasser hinzufügen.
⑦ Alles einmal aufkochen lassen.
⑧ Das Leipziger Allerlei und die Nudeln hinzufügen.
⑨ Den Eintopf 15 bis 20 Minuten köcheln lassen.
⑩ Mit Salz und Pfeffer abschmecken.
⑪ In einer Suppenschüssel anrichten.
⑫ Mit den Kräutern bestreuen.

Nährwert je Portion

Kilokalorien:	512
Fett:	22,1 g
Kohlenhydrate:	49,5 g
Eiweiß:	28,5 g

Herbstlicher Rote-Bete-Hack-Eintopf

(für 4 Personen)

Zubereitung:

① Kartoffeln, Karotten und Sellerie kochfertig vorbereiten, in mundgerechte Würfel beziehungsweise Stifte schneiden.
② Das Gemüse in einen großen Topf mit Wasser und 1 Esslöffel Olivenöl geben. Salz, Pfeffer und gemahlenen Kümmel zufügen, bissfest garen.
③ Die Rote Bete ebenfalls in Würfel schneiden und mit dem gegarten Gemüse vermischen. Mit Balsamicoessig, Zucker und Kardamom abschmecken.
④ Das restliche Olivenöl in einer Pfanne erhitzen und das Hackfleisch krümelig anbraten.
⑤ Die Lauchzwiebeln putzen, in Ringe schneiden, zum Hackfleisch geben.
⑥ Mit Salz und Pfeffer würzig abschmecken, gar schmoren und mit etwas Wasser ablöschen.
⑦ Die Hackmischung zum Gemüse geben und verrühren.
⑧ Den Schmand mit den Kräutern verrühren und unter die Gemüse-Fleisch-Mischung geben.

Zutaten:

600 g festkochende Kartoffeln
600 g Karotten
200 g Knollensellerie
1/2 l Wasser
3 EL Olivenöl
Salz
Pfeffer
gem. Kümmel
500 g gegarte Rote Bete
2 EL Balsamicoessig
1 EL Zucker
1/2 TL Kardamom
500 g gemischtes Hackfleisch
6–8 Lauchzwiebeln
Salz
Pfeffer
1 EL Olivenöl
200 g Schmand
1–2 EL Kräuter nach Geschmack (z. B. Petersilie, italienische Kräuter)

Tipp

Anstelle des gemischten Hackfleisches schmeckt das Gericht auch mit Wildhackfleisch köstlich.

Nährwert je Portion

Kilokalorien:	710
Fett:	43 g
Kohlenhydrate:	47 g
Eiweiß:	32,5 g

Kürbissuppe mit Chilihackbällchen
(für 4 Personen)

Zubereitung:

1. Alle Zutaten für die Hackbällchen in eine Schüssel geben und zu einem Fleischteig verarbeiten.
2. Aus dem Teig kleine Klöße formen.
3. Die Klöße in siedendem Wasser gar ziehen lassen, dann herausnehmen und zur Seite stellen.
4. Für die Suppe Kürbis, Sellerie und Quitten schälen, entkernen und würfeln.
5. Die Würfel in etwas Butter andünsten.
6. Den Ingwer schälen, sehr fein würfeln und mitdünsten.
7. Das Wasser hinzufügen und circa 20 Minuten garen lassen.
8. Die gegarte Mischung stampfen oder mit Pürierstab pürieren.
9. Die Kokosmilch zugeben.
10. Mit Honig, Salz und Pfeffer abschmecken.
11. Die Hackklöße zur Suppe geben.

Zutaten:

Für die Hackbällchen:
500 g Lammhackfleisch
1 Ei
$^1/_2$ TL Chilipulver
1 TL Kreuzkümmel
Salz
Pfeffer
Semmelmehl

Für die Kürbissuppe:
600 g Hokkaidokürbis
100 g Knollensellerie
2 Quitten
etwas Butter
20 g Ingwer
500 ml Wasser
400 ml Kokosmilch
$^1/_2$ TL Honig
Salz
Pfeffer

Tipp

Chili und Kreuzkümmel im Ganzen kaufen und vor der Zubereitung im Mörser zerstoßen.

Nährwert je Portion

Kilokalorien:	622
Fett:	43,3 g
Kohlenhydrate:	27 g
Eiweiß:	31,5 g

Champignon-Zucchini-Suppe
(für 4 Personen)

Zutaten:

500 g Champignons
500 g Zucchini
2 Fleischtomaten
1 Gemüsezwiebel
3 EL Bratöl
600 g gemischtes Hackfleisch
Salz
Pfeffer
Paprika, edelsüß
Kräutersalz
1 l Gemüsebrühe
2 EL Tomatenmark
1 EL Mehl
125 g Schmand

Nährwert je Portion

Kilokalorien:	577
Fett:	43,8 g
Kohlenhydrate:	11,1 g
Eiweiß:	35,5 g

Zubereitung:

① Die Champignons putzen und in Scheiben schneiden.
② Die Zucchini schälen, längs vierteln, eventuell größere Kerne entfernen und klein schneiden.
③ Die Tomaten mit heißem Wasser überbrühen, enthäuten und in grobe Würfel schneiden.
④ Die Zwiebel schälen und grob würfeln.
⑤ Das Öl in einem Suppentopf erhitzen, das Hackfleisch krümelig anbraten und mit Salz, Pfeffer und Paprika würzen.
⑥ Das Hackfleisch aus dem Topf nehmen und warm stellen.
⑦ Zwiebelwürfel und Champignons in das Bratfett geben, andünsten und mit Kräutersalz würzen.
⑧ Die Zucchini zufügen, nur kurz mit andünsten und die Gemüsebrühe zugießen.
⑨ Die Suppe einmal aufkochen und circa 10 Minuten bei geringer Hitze garen lassen.
⑩ Das Tomatenmark mit dem Mehl und dem Schmand verrühren und die Suppe damit etwas binden.
⑪ Die Suppe nochmals mit Kräutersalz, Pfeffer und Paprika abschmecken und servieren.

Tipp

Diese Suppe schmeckt auch hervorragend mit reinem Mett. Wenn das Mett schon gewürzt ist, wird die Suppe nur noch vorsichtig abgeschmeckt.

Köstliches aus dem Ofen

Ab in den Ofen! Die folgenden Rezepte lassen sich prima vorbereiten und verbreiten bereits während der Garzeit einen verführerischen Duft. Und wenn das Essen auf den Tisch kommt, ist die Küche längst schon wieder fertig aufgeräumt.

Bunter Hack-Gemüse-Auflauf

(für 4 Personen)

Zutaten:

300 g Tomaten
1 Zucchini
1 gelbe Paprika
1 rote Paprika
1 gr. Möhre
2 Zwiebeln
2 Knoblauchzehen
1/2 Bund Petersilie
3 EL Öl
500 g Rinderhackfleisch
Salz
Pfeffer
100 g ger. Emmentaler

Zubereitung:

① Den Backofen auf 200 Grad vorheizen.
② Das Gemüse putzen.
③ Die Tomaten und die Zucchini in Scheiben schneiden, die Paprika in Streifen schneiden, die Möhre raspeln, die Zwiebeln und den Knoblauch würfeln, die Petersilie hacken.
④ Die Paprika in 2 Esslöffeln Öl anbraten, Möhren und Zucchini zufügen und einige Minuten

dünsten. Dann das Gemüse herausnehmen und auf Küchenkrepp abtropfen lassen.

⑤ Zwiebeln und Knoblauch im übrigen Fett andünsten.

⑥ Das Hackfleisch dazugeben und krümelig braten.

⑦ Mit Salz und Pfeffer würzen und die Petersilie untermischen.

⑧ Hackfleisch, Gemüse und Tomaten in eine gefettete Auflaufform schichten.

⑨ Den Käse überstreuen und den Auflauf circa 30 Minuten im Ofen backen. Eventuell in den letzten 10 Minuten den Grill anstellen, damit der Käse goldgelb wird.

Nährwert je Portion

Kilokalorien:	455
Fett:	29,2 g
Kohlenhydrate:	12,4 g
Eiweiß:	35,5 g

Tipp

Wer mag, kann den geriebenen Käse mit Feta mischen.

Hack-Möhren-Auflauf

(für 4 Personen)

Zubereitung:

① Die Zwiebeln schälen und würfeln, die Möhren putzen und in Scheiben schneiden.

② Das Öl in einem Topf erhitzen.

③ Die Zwiebeln und das Hackfleisch zusammen anbraten.

④ Die Möhrenscheiben dazugeben und mit andünsten. Sahne und Reis dazugeben und alles 5 Minuten weitergaren.

⑤ Die Mischung mit den Gewürzen abschmecken und in eine Auflaufform füllen.

⑥ Bei 200 Grad (Umluft) 30 bis 40 Minuten fertig garen.

Zutaten:

2 Zwiebeln
500 g Möhren
Öl
400 g gemischtes Hackfleisch
400 g Sahne
200 g ungekochter Reis
Salz
Pfeffer
Majoran
Knoblauch nach Geschmack

Tipp

Dazu schmeckt verschiedenes eingelegtes Gemüse.

Nährwert je Portion

Kilokalorien:	762,5
Fett:	50,7 g
Kohlenhydrate:	50,7 g
Eiweiß:	26,2 g

Friesenpfanne

(für 4 Personen)

Zutaten:

500 g Hackfleisch
2 gr. Zwiebeln (gewürfelt)
Salz
Pfeffer
500 g Tomaten
750 g gekochte Kartoffeln
4 Eier
200 g Sahne
100 g ger. Gouda

Nährwert je Portion

Kilokalorien:	780
Fett:	51,5 g
Kohlenhydrate:	34,5 g
Eiweiß:	44 g

Zubereitung:

① Das Hackfleisch und die Zwiebelwürfel anbraten und mit Salz und Pfeffer würzen.
② Das Hackfleisch in eine Auflaufform geben.
③ Die Tomaten und Kartoffeln in Scheiben schneiden und auf dem Hackfleisch verteilen.
④ Eier und Sahne verquirlen, mit Salz und Pfeffer würzen und über den Auflauf gießen.
⑤ Mit dem Käse bestreuen.
⑥ Den Auflauf bei 200 Grad circa 40 Minuten backen.

Tipp

Dazu schmeckt ein grüner Salat mit Schmandsoße.

Kürbisauflauf mit Hackfleisch

(für 4 Personen)

Zutaten:

500 g gemischtes Hackfleisch
500 g Hokkaidokürbis
2 gr. Zwiebeln
3 Eier
4 EL Haferflocken
3 EL geh. Gartenkräuter
2 EL Tomatenmark
1 EL Chilipulver
2 Knoblauchzehen nach Geschmack
2 cm Ingwerwurzel, fein geraspelt
Pfeffer
Salz
Muskat
Kreuzkümmel
etwas Öl

Zubereitung:

① Den Backofen auf 180 Grad vorheizen.
② Das Hackfleisch in eine Schüssel geben.
③ Den Kürbis in kleine Würfel (circa ½ Zentimeter Seitenlänge) schneiden und zum Hackfleisch geben.
④ Die Zwiebeln sehr fein würfeln und ebenfalls zum Hackfleisch geben.

⑤ Eier, Haferflocken, Gartenkräuter, Tomatenmark, Chilipulver, Knoblauch und Ingwerwurzel hinzufügen.
⑥ Den Teig kräftig mit Pfeffer, Salz, Muskat und Kreuzkümmel würzen, sehr gut vermengen und abschmecken.
⑦ Den Teig circa 4 Zentimeter hoch in eine gefettete Auflaufform füllen, glatt streichen und die Oberfläche etwas einölen.
⑧ Den Auflauf in den Ofen schieben und 35 bis 40 Minuten backen. Wer es besonders knusprig mag, kann kurz vor Ende der Backzeit Grillhitze von oben einstellen.

Nährwert je Portion

Kilokalorien:	490
Fett:	32,5 g
Kohlenhydrate:	16,4 g
Eiweiß:	33, 2 g

Hinweis:
Der Auflauf bleibt durch den Kürbis schön fruchtig und saftig und schmeckt auch kalt sehr gut. Wer eine Beilage möchte: Ein leckerer grüner Salatteller passt immer.

Potsdamer Schnitzel
(für 4 Personen)

Zutaten:

4 Schweineschnitzel
500 g gemischtes Hackfleisch
1 Zwiebel, gewürfelt
1 Ei
1 EL Paniermehl
Salz
Pfeffer
Paprika nach Geschmack
200 g Sahne
1 TL Butter für die Auflaufform

Zur Garnierung:
Tomaten
Petersilie

Tipp
Anstelle der Schweineschnitzel kann man auch Rindfleisch verwenden.

Zubereitung:

① Den Backofen auf 175 Grad vorheizen.
② Eine Auflaufform einfetten.
③ Die Schnitzel in frikadellengroße Stücke schneiden, würzen, klopfen und in die Auflaufform legen.
④ Das Hackfleisch in eine Schüssel geben.
⑤ Zwiebelwürfel, Ei, Paniermehl und Gewürze zugeben und den Hackfleischteig gut vermischen.
⑥ Die Hackmischung auf den Schnitzeln verteilen.
⑦ Die Sahne steif schlagen und auf das Hack geben.
⑧ Den Auflauf in den Ofen schieben und circa 1 Stunde unbedeckt bis zur leichten Bräunung backen.
⑨ Zum Servieren in Stücke schneiden, mit frischer Petersilie und Tomaten garnieren.

Tipp
Dazu passt Kartoffelsalat.

Nährwert je Portion

Kilokalorien:	620
Fett:	41,8 g
Kohlenhydrate:	6,5 g
Eiweiß:	55,2 g

Hack-Mangold-Auflauf

(für 4 Personen)

Zubereitung:

① Das Öl in einer Pfanne erhitzen.
② Das Hackfleisch feinkrümelig anbraten, kräftig mit Salz, Pfeffer und eventuell etwas Knoblauch würzen.
③ Den Mangold waschen und blanchieren. In einem Sieb abtropfen lassen und mit kaltem Wasser abbrausen. Gut ausdrücken und mit einem scharfen Messer klein hacken.
④ Den Backofen auf 200 Grad vorheizen.
⑤ Fett und Eigelb schaumig rühren.
⑥ Quark, Sahne, Mehl, Zwiebelwürfel und Gewürze unterheben, zuletzt das Gemüse zufügen.
⑦ Eine Auflaufform gut einfetten und mit etwas Paniermehl bestreuen.
⑧ Die Hälfte des Gemüses in die Form geben, die Hackmasse darauf verteilen, das restliche Gemüse daraufgeben.
⑨ Das restliche Paniermehl und den Käse mischen und überstreuen.
⑩ Den Auflauf im Ofen circa 50 Minuten backen. Eventuell mit Alufolie oder Backpapier abdecken, wenn die Kruste zu braun wird.

Zutaten:

2 EL Öl
750 g Rinderhackfleisch
Salz
Pfeffer
evtl. Knoblauch
1 kg Mangold
100 g Butter oder Margarine
4 Eigelb
250 g Magerquark
125 g Sahne
150 g Mehl
1 kl. Zwiebel in Würfeln
½ TL Salz
½ TL Muskat
evtl. Majoran
50 g Paniermehl
100 g ger. Emmentaler

Tipp

Anstelle von Mangold kann der Auflauf auch mit Spinat zubereitet werden.
Dazu schmeckt ein grüner Salat oder ein Möhren-Apfel-Porree-Salat.

Nährwert je Portion

Kilokalorien:	1125
Fett:	74 g
Kohlenhydrate:	47,5 g
Eiweiß:	67 g

Fruchtiger Hackfleischauflauf

(für 4 Personen)

Zutaten:

2 EL Öl
500 g gemischtes Hackfleisch
2 Zwiebeln
1 Knoblauchzehe
Salz
Pfeffer
1 EL Curry
200 g Tomaten
2 EL Aprikosenkonfitüre
2 EL Mangochutney
$^{1}/_{2}$ Banane, zerdrückt
3 EL Rosinen
4 EL Mandelstifte
1 TL Gewürzmischung
evtl. 2 EL Paniermehl
2 Eier
100 g Sahne
$^{1}/_{2}$ TL Kurkuma

Nährwert je Portion

Kilokalorien:	585
Fett:	41,5 g
Kohlenhydrate:	21,6 g
Eiweiß:	31,5 g

Zubereitung:

1. Das Öl in einer Pfanne erhitzen und das Hackfleisch darin kräftig anbraten.
2. Die Zwiebeln und den Knoblauch fein hacken und zum Fleisch geben.
3. Mit Salz und Pfeffer würzen.
4. Mit Curry bestäuben und circa 2 Minuten dünsten.
5. Den Backofen auf 180 Grad vorheizen.
6. Die Tomaten kurz heiß übergießen, enthäuten, vierteln, entkernen und in kleine Würfel schneiden.
7. Tomatenwürfel, Aprikosenkonfitüre, Mangochutney, Banane, Rosinen, Mandelstifte und Gewürze zum Hack geben und alles kurz aufkochen.
8. Wenn die Masse zu flüssig ist, etwas Paniermehl hinzufügen.
9. Nochmals abschmecken.
10. Die Mischung in eine gefettete Auflaufform geben.
11. Eier, Sahne, Salz, Pfeffer und Kurkuma gut verrühren und über den Auflauf gießen.
12. Den Auflauf in den Ofen schieben und circa 45 Minuten backen.

Tipp

Dazu passen ein Süßkartoffelpüree und karamellisierte Ingwermöhren.

Spitzkohlauflauf

(für 4 Personen)

Tipp

Dazu passen Salzkartoffeln.

Zubereitung:

① Den Spitzkohl würfeln und in einem großen Topf mit etwas Wasser bissfest kochen.
② Den Kohl abtropfen lassen, die Flüssigkeit auffangen und beiseitestellen.
③ Das Öl in einer Pfanne erhitzen.
④ Die Zwiebel würfeln, die Mettwurst in kleine Stücke schneiden.
⑤ Das Hackfleisch und die Zwiebelwürfel knusprig braun braten, gut mit Salz, Pfeffer, Kümmel und Ingwer würzen.
⑥ Die Mettwurststücke dazugeben und mitbraten.
⑦ Den Kohl unterheben und einige Minuten mitschmoren.
⑧ Den Backofen auf 180 Grad vorheizen.
⑨ Sahne, Kohlflüssigkeit, Crème fraîche, Kräuterschmelzkäse und Mehl in einen Topf geben, verrühren und kurz aufkochen. Eventuell mit Salz und Pfeffer würzen.
⑩ Die Hackmischung in eine Auflaufform füllen, die Sahnekäsesoße darüber verteilen.
⑪ Den Auflauf circa 1 Stunde im Ofen garen.

Zutaten:

½ Spitzkohl
2 EL Öl
1 Zwiebel
4 Scheiben Mettwurst
750 g gemischtes Hackfleisch
Salz
Pfeffer
Kümmel
Ingwer
200 g Sahne
200 ml Kohlflüssigkeit
200 g Crème fraîche
2 EL Kräuterschmelzkäse
2 EL Mehl

Nährwert je Portion

Kilokalorien:	820
Fett:	69 g
Kohlenhydrate:	10,5 g
Eiweiß:	41 g

Tipp

Anstelle von Sahne kann man auch Milch nehmen, statt der Mettwurst passen auch Schinkenwürfel. Kümmel und Ingwer nach Geschmack einsetzen.

Tipp

Dazu gibt es Kartoffelpüree und Apfelmus.

Hack-Schinken-Rouladen

(für 4 Personen)

Zubereitung:

① Den Backofen auf 220 Grad vorheizen. Hackfleisch, Ei, Quark, Senf, Pfeffer und Paprika vermengen.
② Die Hackfleischmasse zu 8 gleich großen Rollen formen.
③ Die Schinkenscheiben mit je einer Hackfleischrolle belegen und zu Rouladen einwickeln.
④ Die Rouladen in eine gefettete Auflaufform geben.
⑤ Öl, Weinessig, Senf und Rapshonig gut verquirlen, über die Rouladen gießen.
⑥ Zwiebelwürfel, Piment, Wacholderbeeren, Senfkörner und Nelken über die Rouladen verteilen. Die Lorbeerblätter dazwischenlegen.
⑦ Die Rouladen im Backofen circa 60 Minuten ohne Deckel backen. Eventuell nach 30 Minuten mit Alufolie abdecken, wenn sie zu sehr bräunen.
⑧ Die Rouladen nach Ende der Garzeit aus der Form nehmen. Die Soße durch ein Sieb streichen, mit Mehl binden, mit Honig und Essig abschmecken oder ein wenig Wasser dazugeben.

Zutaten:

600 g Rinderhackfleisch
1 Ei
130 g Magerquark
1 EL Senf
$^1/_2$ TL Pfeffer
1 TL Paprika, edelsüß
8 Scheiben geräucherter Landschinken
6 EL Rapsöl
6 EL Weinessig
1 EL Senf
3 EL fester Rapshonig
1 gr. Zwiebel in Würfeln
1 TL Piment
1 TL Wacholderbeeren
1 TL Senfkörner
6 Nelken
3 Lorbeerblätter
etwas Mehl

Nährwert je Portion

Kilokalorien:	632
Fett:	39,5 g
Kohlenhydrate:	16,7 g
Eiweiß:	52,2 g

Tipp

Wenn die Schinkenscheiben zu klein sind, kann man zwei nebeneinanderlegen. Die Gewürze können auch im Tee-Ei mitgebacken werden.

Chilenischer Maisauflauf
(Pastel de Choclo)
(für 4 Personen)

Zutaten:

2 EL Öl
750 g gemischtes Hackfleisch
1 gr. Gemüsezwiebel
1 Tasse Rosinen
Salz
Pfeffer
Paprika
Kümmel
Knoblauch nach Geschmack
4 Dosen Mais à 340 g
4 Eier
1 TL Salz
1 EL Zucker

Zubereitung:

① Das Öl in einer Pfanne erhitzen und das Hackfleisch darin anbraten.
② Die Zwiebel würfeln und mit andünsten, bis sie glasig ist.
③ Die Rosinen dazugeben.
④ Mit den Gewürzen kräftig abschmecken.
⑤ Die Hackmasse in eine Auflaufform geben.
⑥ Den Backofen auf 180 Grad vorheizen.
⑦ Den Mais abtropfen lassen und fein pürieren.
⑧ Die Eier trennen.
⑨ Das Eigelb unter die Maismasse rühren.
⑩ Das Eiweiß mit dem Salz steif schlagen und vorsichtig unter die Maismasse heben.
⑪ Die Masse auf das Hackfleisch geben.
⑫ Den Zucker überstreuen.
⑬ Den Auflauf circa 1 Stunde im Ofen garen.

Nährwert je Portion

Kilokalorien:	995
Fett:	47,3 g
Kohlenhydrate:	84,3 g
Eiweiß:	55,5 g

Tipp

Dazu passt Tomatensalat.

Mettauflauf mit Bohnen

(für 4 Personen)

Zubereitung:

① Die Kartoffeln schälen, waschen und in Stücke schneiden. In Salzwasser circa 20 Minuten kochen.
② Die Bohnen in kochendem Salzwasser circa 10 Minuten kochen.
③ Die Kartoffeln abgießen, kurz ausdampfen lassen, mit Milch und Butter zu Puree stampfen. Mit Salz und Muskatnuss abschmecken.
④ Den Backofen auf 200 Grad vorheizen.
⑤ Das Öl in einer Pfanne erhitzen, das Mett darin krümelig anbraten.
⑥ Die Zwiebel schälen, würfeln, zum Mett geben und kurz mitgaren.
⑦ Mit Wasser ablöschen und aufkochen lassen.
⑧ Schmand oder Crème fraîche einrühren und 2 bis 3 Minuten köcheln lassen.
⑨ Mit Salz und Pfeffer abschmecken.
⑩ Petersilie waschen, abzupfen und hacken.
⑪ Eine Auflaufform fetten.
⑫ Püree, Bohnen und Mett hineingeben und mit Petersilie bestreuen.
⑬ Den Käse reiben und überstreuen.
⑭ Den Auflauf in den Ofen schieben und circa 20 Minuten backen.

Zutaten:

750 g Kartoffeln
400 g Bohnen
200 ml Milch
2 EL Butter
Salz
ger. Muskatnuss
1 EL Öl
500 g Mett
1 mittelgr. Zwiebel
200 ml Wasser
2 EL Schmand oder Crème fraîche
Pfeffer
Petersilie
Fett für die Form
100 g Bergkäse im Stück

Nährwert je Portion

Kilokalorien:	752
Fett:	50,5 g
Kohlenhydrate:	36,7 g
Eiweiß:	37,5 g

Brokkoli-Hack-Auflauf

(für 4 Personen)

Zutaten:

250 g Spiralnudeln
500 g Brokkoli
2 EL Öl
500 g Hackfleisch
Salz
Pfeffer
Rosenpaprika
100 g Tomatenmark
200 g Sahne
80–100 g ger. Parmesan
Fett für Auflaufform

Nährwert je Portion

Kilokalorien:	855
Fett:	51,5 g
Kohlenhydrate:	52 g
Eiweiß:	45,75 g

Zubereitung:

① Die Nudeln nach Packungsanweisung kochen.
② Den Brokkoli putzen, in mundgerechte Stücke schneiden und in Salzwasser garen.
③ Den Backofen auf 180 Grad (Umluft) vorheizen.
④ Das Öl in einer Pfanne erhitzen.
⑤ Das Hackfleisch knusprig braten. Mit Salz, Pfeffer und Rosenpaprika würzen.
⑥ Das Tomatenmark und die Hälfte der Sahne unterrühren.
⑦ Eine Auflaufform einfetten und Nudeln, Brokkoli und Hack hineinschichten. Die oberste Schicht sollte Hack sein.
⑧ Den Auflauf mit der restlichen Sahne übergießen und mit Parmesan bestreuen.
⑨ Im Ofen 30 Minuten backen.

Überbackener Lauch

(für 4 Personen)

Zutaten:

1 kg Porree
500 g Rinderhackfleisch
5 EL Öl
Salz
Pfeffer
Paprika
4 EL Wasser
3 Eier
150 g Sahnejoghurt
3 EL Crème fraîche
100 g ger. Schafskäse
30 g Mandelstifte

Zubereitung:

① Den Porree putzen und in Ringe schneiden.
② Das Hackfleisch in heißem Öl anbraten. Mit Salz, Pfeffer und Paprika würzen.
③ Die Porreeringe hinzufügen und etwas mitbraten.
④ Das Wasser zugeben und die Porree-Hack-Mischung zugedeckt bei geringer Hitze 20 Minuten garen.
⑤ Den Backofen auf 220 Grad vorheizen.
⑥ Die Mischung in eine flache Auflaufform füllen.

7. Eier, Joghurt und Crème fraîche verquirlen, den geriebenen Schafskäse unterrühren. Über den Lauch gießen.
8. Die Mandelstifte überstreuen.
9. Den Auflauf 40 Minuten backen.

Nährwert je Portion

Kilokalorien:	402
Fett:	28,3 g
Kohlenhydrate:	13,3 g
Eiweiß:	23,6 g

Hackfleisch-Fenchel-Lasagne

(für 4 Personen)

Zutaten:

200 g Schalotten
1 kl. Zweig Rosmarin
1 TL Fenchelsamen
3 EL Olivenöl
2 EL Honig
3 EL Rotweinessig
500 g Lamm- oder Rinderhackfleisch
400 g Tomatenstücke
3 EL Ajvar
1 EL Tomatenmark
Salz
Pfeffer aus der Mühle
300 g Tomaten
125 g Champignons
125 g Blauschimmelkäse
300 g saure Sahne
1/2 Bund Basilikum
1/2 Bund Petersilie
12 Lasagneplatten
30 g ger. Parmesan

Zubereitung:

1. Die Schalotten circa 2 Minuten in kochendes Wasser geben, abschrecken, schälen und längs halbieren.
2. Die Rosmarinnadeln fein hacken.
3. Die Fenchelsamen im Mörser zerstoßen.
4. 1 Esslöffel Öl in einer Pfanne erhitzen und die Schalotten darin dünsten.
5. Erst Rosmarin und Fenchel, dann den Honig hinzugeben.
6. Mit Essig übergießen und einköcheln lassen.
7. Die Mischung aus der Pfanne nehmen und zur Seite stellen.
8. Restliches Öl in der Pfanne erhitzen und das Hackfleisch darin unter Wenden anbraten.
9. Tomatenstücke, Ajvar und Tomatenmark zum Hackfleisch geben, circa 10 Minuten schmoren lassen, bis die meiste Flüssigkeit eingekocht ist, mit Salz und Pfeffer würzen.
10. Die Tomaten und Champignons putzen und in Scheiben schneiden.
11. Den Gorgonzola sehr fein würfeln und mit saurer Sahne mischen.
12. Basilikum und Petersilie hacken und unterrühren, mit Salz und Pfeffer abschmecken.
13. Den Backofen auf 200 Grad vorheizen.
14. Eine ofenfeste Form am Boden mit 4 Lasagneplatten auslegen. Nun einen Teil der Tomatenscheiben, Hackfleischmasse, Schalotten, Champignons und Gorgonzolacreme

Nährwert je Portion

Kilokalorien:	1010
Fett:	44,2 g
Kohlenhydrate:	96,5 g
Eiweiß:	54,2 g

gleichmäßig darauf verteilen. Dann wieder 4 Lasagneplatten auflegen und noch eine Schicht einfüllen. Zum Schluss die restlichen Lasagneplatten auflegen und mit restlicher Hackfleischmasse, Gorgonzolacreme und einigen Pilzscheiben belegen.

⑮ Die Lasagne 50 Minuten backen, circa 10 Minuten vor Ende der Backzeit mit Parmesan bestreuen.

⑯ Vor dem Servieren die Lasagne circa 10 Minuten ruhen lassen.

Hack-Gemüse-Torte

(für 4 Personen)

Zutaten:

Für den Teig:
375 g Mehl
1 Ei
1 Msp. Salz
Pfeffer
175 g Butter
30 g ger. mittelalter Gouda
2 EL Wasser
750 g Wirsing
200 g Möhren
2 rote Paprika
1 rote Peperoni
100 g Champignons
2 EL Öl
1 TL Thymian
Paprikapulver
4 EL geh. Petersilie
700 g gemischtes Hackfleisch
4 EL Paniermehl
150 g Fetawürfel

Für den Guss:
375 ml Milch
5 Eier
Salz
Pfeffer
Muskatnuss
45 g ger. mittelalter Gouda

Zubereitung:

① Mehl, Ei, Salz, Butter und 30 Gramm Gouda mit dem Wasser zu einem glatten Teig kneten, in Folie wickeln und 30 Minuten im Kühlschrank ruhen lassen.

② Den Wirsing und die Möhren putzen und in feine Scheiben schneiden.

③ Paprika und Peperoni waschen, entkernen und in kleine Würfel schneiden.

④ Die Champignons putzen, vierteln und beiseitestellen.

⑤ Den Wirsing und die Möhren in einer großen Pfanne in 1 Esslöffel Öl 5 Minuten andünsten. Mit Salz, Pfeffer, Thymian und Paprikapulver kräftig abschmecken.

⑥ Das angedünstete Gemüse zum Abtropfen in ein Sieb geben. Leicht auskühlen lassen, dann die Petersilie unterheben.

⑦ In der Zwischenzeit das Hackfleisch im restlichen Öl mit den Paprika- und Peperoniwürfeln und den Pilzen kräftig anbraten und abschmecken.

⑧ Den Teig auf einer bemehlten Fläche ausrollen, in eine Springform (26 Zentimeter Durchmesser) legen, einen Rand circa 4 Zentimeter hoch andrücken.

⑨ Den Boden mehrmals mit einer Gabel einstechen, darauf das Paniermehl verteilen.

⑩ Die Hälfte des Gemüses auf den Teig geben, das Hack darüber verteilen, die Fetawürfel überstreuen und das restliche Gemüse hinzufügen.
⑪ Den Backofen auf 200 Grad vorheizen.
⑫ Für den Guss aus Milch, Eiern, Salz, Pfeffer und Muskatnuss eine Eiermilch herstellen. Gleichmäßig über der Hack-Gemüse-Torte verteilen und den restlichen Gouda überstreuen.
⑬ Die Torte auf der unteren Schiene in den Ofen schieben und circa 60 Minuten backen.

Nährwert je Portion

Kilokalorien:	1585
Fett:	98,5 g
Kohlenhydrate:	96 g
Eiweiß:	78,8 g

Tipp

Als Beilage passt eine Sourcreme aus gleichen Teilen saurer Sahne, Naturjoghurt und Schmand, abgeschmeckt mit Salz und Pfeffer und nach Geschmack mit Kräutern ergänzt.

Auberginen-Moussaka

(für 4 Personen)

Zubereitung:

① Die Auberginen in etwa 1 Zentimeter dicke Scheiben schneiden, mit Salz bestreuen und etwa 20 Minuten ziehen lassen.
② Die Tomaten waschen und in grobe Würfel schneiden.
③ Die Zwiebeln schälen, würfeln und in Butterschmalz andünsten.
④ Das Hackfleisch zugeben und unter Wenden anbraten.
⑤ Die Tomatenstücke mit Petersilie und Wein zugeben.
⑥ Mit Salz und Pfeffer sehr kräftig würzen und etwa 15 Minuten schwach kochen lassen.
⑦ Paniermehl und Eiweiß untermengen.
⑧ Die Auberginenscheiben mit Wasser abspülen, abtupfen und in Olivenöl goldgelb anbraten.
⑨ Den Backofen auf 180 Grad vorheizen.
⑩ Eine Auflaufform dick mit Butter ausstreichen.
⑪ Die Auflaufform mit der Hälfte der Auberginen auslegen.
⑫ Die Fleisch-Tomaten-Mischung daraufgeben.
⑬ Die restlichen Auberginen auflegen.
⑭ Das Eigelb und etwa zwei Drittel des Käses mit der Béchamelsoße verrühren.
⑮ Die Soße auf die Auberginen streichen, mit dem restlichen Käse bestreuen.
⑯ Das Moussaka 45 bis 55 Minuten goldgelb backen.

Zutaten:

1 kg Auberginen
Salz
6 Tomaten
2 Zwiebeln
30 g Butterschmalz
750 g Hackfleisch
2 EL geh. Petersilie
125 ml Weißwein
Salz
Pfeffer
3 EL Paniermehl
2 Eiweiß
50 ml Olivenöl
Butter für die Auflaufform
2 Eigelb
100 g ger. Gouda
500 ml Béchamelsoße

Nährwert je Portion

Kilokalorien:	927
Fett:	65,8 g
Kohlenhydrate:	25,3 g
Eiweiß:	54 g

Tipp

Dazu passt am besten Reis.

Kartoffel-Hackfleisch-Quiche

(für 4 Personen)

Zutaten:

500 g Kartoffeln
250 g Hackfleisch
200 g Mett
1 Ei
3 EL Worcestersoße
2 Zwiebeln, gewürfelt
2 EL Semmelmehl
Salz
Pfeffer
Basilikum
2 EL Senf
2 EL Öl
3 Knoblauchzehen
200 g ger. Gouda
50 g Mandelblättchen

Zubereitung:

① Die Kartoffeln waschen, garen, pellen und in Scheiben schneiden.

② Aus Hackfleisch, Mett, Ei, Worcestersoße, Zwiebelwürfeln, Semmelmehl, Salz, Pfeffer und Basilikum einen herzhaften Hackfleischteig herstellen.

③ Den Backofen auf 200 Grad vorheizen.
④ Den Teig in eine gefettete Springform geben und mit den Kartoffelscheiben belegen.
⑤ Senf und Öl verrühren, die Knoblauchzehen dazupressen.
⑥ Die Kartoffelscheiben mit der Marinade bestreichen.
⑦ Den Gouda über die Kartoffeln streuen.
⑧ Die Mandelblättchen darübergeben.
⑨ Die Quiche im Ofen 35 Minuten backen.

Nährwert je Portion

Kilokalorien:	740
Fett:	53,3 g
Kohlenhydrate:	24,2 g
Eiweiß:	40,75 g

Hackfleischpizza

(für 4 Personen)

Zutaten:

1 altbackenes Brötchen
340 g Mais (aus der Dose)
1 Zwiebel
500 g gemischtes Hackfleisch
1 Ei
Salz
Pfeffer
Paprikapulver
1 grüne Paprika
200 g passierte Tomaten
etwas Oregano
150 g ger. Gouda

Zubereitung:

① Das Brötchen in Wasser einweichen. Den Mais auf einem Sieb abtropfen lassen, die Zwiebel schälen und fein würfeln.
② Das Hackfleisch in eine Schüssel geben und mit der halben Menge Mais, den Zwiebelwürfeln, dem ausgedrückten Brötchen, dem Ei, Salz, Pfeffer und Paprikapulver gut vermischen. In eine mit Alufolie ausgelegte Springform füllen.
③ Den Backofen auf 180 Grad vorheizen.
④ Für den Belag die Paprika putzen und würfeln.
⑤ Die passierten Tomaten, den restlichen Mais, die Paprikawürfel und Oregano auf der Hackfleischmasse verteilen.
⑥ Den geriebenen Käse gleichmäßig darüberstreuen.
⑦ Die Pizza im Ofen circa 30 Minuten backen.

Nährwert je Portion

Kilokalorien:	785
Fett:	38,3 g
Kohlenhydrate:	65,3 g
Eiweiß:	44,3 g

Tipp
Dazu kann man Fladenbrot reichen.

Hackfleisch-Sauerkraut-Kuchen

(für 8 Personen)

Zubereitung:

① Die Brötchen im Bier einweichen.
② Die Zwiebel schälen und hacken.
③ Den Backofen auf 175 Grad vorheizen.
④ Mett, Hack, Eier, ausgedrückte Brötchen, Senf und die Hälfte der Zwiebeln verkneten. Mit Salz und Pfeffer würzen.
⑤ Den Hackteig auf eine mit Semmelbröseln ausgestreute Fettpfanne geben und andrücken.
⑥ Im heißen Ofen 25 Minuten vorbacken.
⑦ In der Zwischenzeit den Speck würfeln und im heißen Öl auslassen.
⑧ Die restlichen Zwiebeln andünsten.
⑨ Die Paprika putzen und würfeln, das Sauerkraut ausdrücken.
⑩ Sauerkraut und Paprikawürfel mit in die Pfanne geben, 12 Minuten schmoren. Mit Salz, Pfeffer und Paprika würzen.
⑪ Die Krautmasse auf dem Hack verteilen.
⑫ Den Käse mit Schmand mischen, würzen und auf das Kraut geben.
⑬ Den Kuchen weitere 20 bis 25 Minuten backen.

Zutaten:

2 altbackene Laugenbrötchen
0,33 l Bier
1 Gemüsezwiebel
750 g Mett
750 g gemischtes Hackfleisch
3 Eier
1 EL Senf
Salz
Pfeffer
2–3 EL Semmelbrösel
50 g geräucherter, durchwachsener Speck
2 EL Öl
2 rote Paprika
850 g Sauerkraut
Paprika, edelsüß
125 ger. Käse
250 g Schmand

Tipp

Dazu schmeckt ein kühles Bier.

Nährwert je Portion

Kilokalorien:	811
Fett:	60,8 g
Kohlenhydrate:	16,8 g
Eiweiß:	46,3 g

Hackepeter-Martinsgans
mit Cranberrysoße
(für 6 Personen)

Zutaten:

1 Gans (ca. 4 kg), küchenfertig
Salz
Pfeffer
Innereien der Gans (Magen, Herz, Leber)
250 g geräucherter Bauchspeck
2 Äpfel (Boskop)
10 Maronen, gegart
175 g Walnüsse
1 Stängel Estragon
1 Stängel Rosmarin
1 Stängel Beifuß
1 kg Rinderhackfleisch
200 g getr. Cranberrys
3 Eier
1 TL Ras El Hanout
Rapsöl

Für die Soße:
Cranberrysaft
200 g Sahne
Spritzer Tabasco
Spritzer Angostura

Nährwert je Portion

Kilokalorien:	2412
Fett:	207,5 g
Kohlenhydrate:	22,1 g
Eiweiß:	120,5 g

Zubereitung:

① Die Gans säubern, innen leicht mit Salz und Pfeffer einreiben und die Halsöffnung mit Küchenzwirn sorgfältig schließen.
② Den Gänsemagen enthäuten und in kleine Würfel schneiden.
③ Herz und Leber sowie den geräucherten Bauchspeck ebenfalls in Würfel schneiden.
④ Die Äpfel schälen, entkernen und in kleine Stücke schneiden.
⑤ Die Maronen und Walnüsse grob hacken.
⑥ Estragon-, Rosmarin- und Beifußblätter vom Stängel zupfen und fein hacken.
⑦ Die vorbereiteten Zutaten mit Hackfleisch, Cranberrys, Eiern, Salz und Ras El Hanout in eine Schüssel geben und gut vermengen.
⑧ Den Backofen auf 80 Grad vorheizen.
⑨ Die Gans mit der Mischung füllen, sie sollte möglichst vollständig ausgefüllt sein. Mit Küchenzwirn gut zunähen.
⑩ Einen großen Bräter mit Rapsöl üppig einpinseln, die Gans hineinlegen und den Bräter verschließen.
⑪ Die Gans in den Ofen schieben und bei der niedrigen Temperatur 7 bis 8 Stunden garen lassen.
⑫ Am Ende der Garzeit das meiste Gänsefett abschöpfen.
⑬ Die Gans mit dem restlichen Fett einpinseln und bei geöffnetem Bräter 1 Stunde bei 180 Grad backen. Dabei alle 15 Minuten mit Fett bepinseln und mit wenig kaltem Cranberrysaft beträufeln, um eine schöne Kruste zu erhalten.
⑭ Die Gans herausnehmen und portionieren, die Füllung herausnehmen und warm stellen.
⑮ Den Bratensaft durch ein Sieb geben und mit etwas Cranberrysaft bei geringer Hitze einköcheln.
⑯ Die Sahne schaumig aufschlagen und mit einem
⑰ Schneebesen vorsichtig unter den Fond heben. Pikant mit Salz, Pfeffer, Tabasco und Angostura abschmecken.
⑱ Die Füllung zusammen mit dem Fleisch und der Soße servieren.

Raffinierte Variationen

Wussten Sie schon, dass Hackfleisch auch mit Zimt und Koriander lecker gewürzt werden kann? Dass eine Kartoffel-Vanille-Haube perfekt zum Hackbraten passt? Und dass man aus Hack sogar Pralinen herstellen kann? Einfach umblättern und überraschende Kreationen entdecken!

Gefülltes Brot

(für 8 Personen)

Zutaten:

1 helles Kastenweißbrot (750 g)
1 gr. Zwiebel
1 Knoblauchzehe
1 rote Paprika
1 grüne Paprika
280 g Mais aus der Dose
400 g Kidneybohnen aus der Dose
500 g Mett
1 Ei
Salz
Pfeffer
Paprika, edelsüß

Zubereitung:

① Den Backofen auf 200 Grad vorheizen.
② Vom Brot ein Endstück abschneiden.
③ Das Brot vorsichtig aushöhlen, sodass ein circa 1 Zentimeter breiter Rand rundherum stehen bleibt.
④ Ein Drittel des Brotinneren in warmem Wasser einweichen.
⑤ Die Zwiebel und den Knoblauch schälen und fein würfeln.
⑥ Die Paprika waschen, vierteln, entkernen und in feine Streifen schneiden.
⑦ Den Mais abtropfen lassen.
⑧ Die Kidneybohnen mit kaltem Wasser abbrausen und abtropfen lassen.
⑨ Das Mett in eine große Schüssel geben.
⑩ Zwiebel, Knoblauch, Paprika, das ausgedrückte und zerpflückte Brot und das Ei gut mit dem Mett vermengen.
⑪ Den Mais und die Kidneybohnen untermischen.
⑫ Die Mischung mit Salz, Pfeffer und Paprika vorsichtig nachwürzen, da das Mett in der Regel schon gewürzt ist.
⑬ Die Mett-Gemüse-Mischung in das Brot füllen.
⑭ Das abgeschnittene Brotende wieder andrücken.
⑮ Das Brot fest in Alufolie wickeln, auf ein Backblech legen und im Ofen 50 bis 60 Minuten backen.
⑯ Das Brot aus der Alufolie nehmen und in Scheiben geschnitten servieren.

Nährwert je Portion

Kilokalorien:	495
Fett:	19,9 g
Kohlenhydrate:	56,3 g
Eiweiß:	22,4 g

Tipp

Das gefüllte Brot macht sich super auf einem Büfett, schmeckt aber auch einfach so zu einem grünen Salat.

Tipp

Der Hackbällchensalat schmeckt am besten, wenn er einen Tag durchgezogen ist.

Hackbällchensalat
(für 4 Personen)

Zubereitung:

① Hackfleisch, Ei, Paniermehl, Salz und Pfeffer gut verkneten.
② Etwas Fett in der Pfanne erhitzen.
③ Aus dem Hackteig kleine Bällchen formen und im heißen Öl braten. Anschließend abkühlen lassen.
④ Den Spargel in mundgerechte Stücke schneiden und gar kochen.
⑤ Die Mandarinenstücke in ein Sieb geben und abtropfen lassen.
⑥ Hackbällchen, Spargel und Mandarinen in eine Schüssel geben.
⑦ Schmand und Chilisoße verrühren, in die Schüssel geben und alles gut vermengen.

Zutaten:

500 g gemischtes Hackfleisch
1 Ei
3 EL Paniermehl
2 TL Salz
Pfeffer
Öl zum Braten
200 g Spargel
180 g Mandarinen aus der Dose
200 g Schmand
250 ml Chilisoße

Nährwert je Portion

Kilokalorien:	630
Fett:	41 g
Kohlenhydrate:	31,8 g
Eiweiß:	33 g

Herbstlicher Kartoffelsalat
(für 4 Personen)

Zubereitung:

① Den Zitronensaft und die Sojasoße verrühren und mit dem Hackfleisch vermischen.
② 1 Esslöffel Öl erhitzen, das Hackfleisch darin krümelig anbraten. Mit Pfeffer und Salz würzen.
③ Die Zwiebeln schälen und in Ringe schneiden.
④ Die Paprika entkernen und in Streifen schneiden.
⑤ Die Pfeffergürkchen abtropfen lassen und in Würfel schneiden.

Zutaten:

Saft einer Zitrone
3 EL Sojasoße
400 g gemischtes Hackfleisch
5 EL Olivenöl
Pfeffer
Salz
2 gr. rote Zwiebeln
2 gelbe Paprikaschoten
½ Glas Pfeffergürkchen
6 EL Kräuteressig
1 EL Kräutersenf
1 TL Paprikapulver
1 kg gekochte Pellkartoffeln
100 g gehackte Maronen (frisch oder TK)
½ Bund Schnittlauch

➔➔➔

Nährwert je Portion

Kilokalorien:	577
Fett:	28 g
Kohlenhydrate:	52,5 g
Eiweiß:	26,8 g

⑥ Essig, Senf, Paprikapulver und 4 Esslöffel Olivenöl verrühren.
⑦ Die Kartoffeln in Scheiben schneiden.
⑧ Alle Zutaten in einer Schüssel vermischen.
⑨ Die Maronen und Schnittlauchröllchen überstreuen.

Pikante Brötchen

(für 4 Personen)

Zutaten:

4 Brötchen
Butter zum Bestreichen
1 grüne Paprikaschote
2 Zwiebeln
75 g Gouda
250 g Hackfleisch
Salz
Pfeffer
Paprika
1 Spritzer Chilisoße
2–3 Tomaten
8 Scheiben Gouda

Zubereitung:

① Den Backofen auf 200 Grad vorheizen.
② Die Brötchen halbieren und mit Butter bestreichen.
③ Die Paprikaschote waschen, entkernen und klein schneiden.
④ Die Zwiebeln schälen und fein würfeln.
⑤ Den Gouda in kleine Würfel schneiden.
⑥ Das Hackfleisch mit Paprika, Zwiebeln und Gouda mischen und mit Salz, Pfeffer, Paprika und Chilisoße würzen.
⑦ Die Brötchen mit dem Hackteig bestreichen und im Ofen 20 Minuten backen.
⑧ Die Tomaten in Scheiben schneiden.
⑨ Die gebackenen Brötchen mit Tomaten- und Käsescheiben belegen und nochmals kurz überbacken.

Nährwert je Portion

Kilokalorien:	605
Fett:	38,8 g
Kohlenhydrate:	27,3 g
Eiweiß:	36,3 g

Orientalische Hack-Reis-Pfanne

(für 4 Personen)

Zubereitung:

1. Das Rinderhack in einer großen Pfanne ohne Fett anbraten, ausgetretenes Fett mit einem Esslöffel entfernen.
2. Zwiebel- und Knoblauchwürfel dazugeben und glasig braten.
3. Meersalz, Knoblauchpulver, Pfeffer, Ingwerpulver und Zimt dazugeben und circa 2 Minuten unter Rühren anbraten.
4. Die Rosinen untermischen.
5. Den Curry dazugeben und die Herdplatte abschalten.
6. Während der Hackzubereitung den Reis nach der Quellmethode mit Salz, Knoblauchpulver, Curry und Safran aufsetzen.
7. Lauchzwiebeln und Porree putzen und in Ringe schneiden.
8. Das Gemüse zusammen mit den Aprikosenwürfeln in einer zweiten Pfanne anbraten und mit Salz und Pfeffer würzen.
9. Den Reis nach dem Quellen mit Olivenöl verrühren.
10. Den Reis und die Gemüse-Aprikosen-Mischung zum Hack in die Pfanne geben.
11. Die Reis-Hack-Pfanne nochmals erhitzen und die klein geschnittenen Bananen unterheben.
12. Nach Bedarf mit Agavendicksaft oder Honig süßlich abschmecken.

Zutaten:

500 g mageres Rinderhackfleisch
150 g Zwiebelwürfel
3 gr. Knoblauchzehen, gewürfelt
½ TL Meersalz
1–1½ TL Knoblauchpulver
bunter Pfeffer aus der Mühle
1–2 Prisen Ingwerpulver
1 Msp. Zimt
ca. 50 g Rosinen
2–3 TL Curry
1 Bund Lauchzwiebeln
1 Stange Porree
6–8 getr. entsteinte Aprikosen, klein gewürfelt
Salz
Pfeffer
2 Bananen in Scheiben
1 EL Agavendicksaft oder Honig

Für den Reis:
300 g Parboiled Reis oder Basmatireis
½ TL Salz
2 Prisen Knoblauchpulver
1 gestr. TL Curry
3 Fäden Safran
½ EL Olivenöl

Nährwert je Portion

Kilokalorien:	692
Fett:	19,7 g
Kohlenhydrate:	93,3 g
Eiweiß:	33,5 g

Schaf auf grüner Wiese

(für 8 Personen)

Zubereitung:

① Das Schwarzbrot in warmem Wasser einweichen.
② Aus Mehl, Hefe, Salz, Sauce hollandaise und dem ausgedrückten Schwarzbrot einen Hefeteig herstellen. Dabei das Broteinweichwasser nach Bedarf mitverwenden.
③ Den Hefeteig an einem warmen Ort gehen lassen.
④ Für die Füllung den Knoblauch und die Zwiebeln schälen und würfeln.
⑤ Die Kräuterbutter in einer Pfanne erhitzen, den Knoblauch und die Zwiebeln darin andünsten.
⑥ Das Hackfleisch dazugeben und krümelig anbraten.
⑦ Den Blattspinat auftauen lassen.
⑧ Den Backofen auf 200 Grad vorheizen.
⑨ Die Zucchini und den Schafskäse würfeln.
⑩ Den Hefeteig nach dem Gehen nochmals durchkneten und zwischen zwei Folien zu einem Rechteck ausrollen.
⑪ Den Teig in eine Fettpfanne legen oder einen Backrahmen um den Teig stellen.
⑫ Erst die Hackfleischmasse, dann den Blattspinat und zum Schluss die Zucchini- und Schafskäsewürfel auf dem Teig verteilen.
⑬ Aus Eiern, Sauce hollandaise, Petersilie, Salz, Pfeffer und Muskat einen Guss bereiten. Über die Füllung gießen.
⑭ Circa 20 Minuten im Ofen backen.

Zutaten:

Für den Brotteig:
100 g Schwarzbrot
300 g Mehl
1 Würfel Hefe
1 TL Salz
60 g Sauce hollandaise

Für die Füllung:
1 Knoblauchzehe
1–2 Zwiebeln
30 g Kräuterbutter
500 g Hackfleisch
450 g Blattspinat (TK)
300 g Zucchini
200 g Schafskäse

Für den Guss:
3 Eier
140 g Sauce hollandaise
2 EL Petersilie
1 TL Salz
schwarzer Pfeffer
Muskat

Nährwert je Portion

Kilokalorien:	467
Fett:	23,7 g
Kohlenhydrate:	35,4 g
Eiweiß:	27,5 g

Exotischer Hackbraten
mit Kartoffel-Vanille-Haube
(für 4 Personen)

Zutaten:

Für die Kartoffelhaube:
500 g mehlig kochende Kartoffeln
½ Vanilleschote
200 ml Milch
2 EL Butter
Salz
Pfeffer

Für den Hackbraten:
1 kl. Ananas (200 g Fruchtfleisch)
1 kl. rote Chilischote
1 rote Paprika
800 g gemischtes Hackfleisch
2 Eier
2 TL frisch ger. Ingwer
1 TL Sambal Oelek
½ TL abger. Schale einer Limette
Salz
1 TL Currypulver
2 EL Olivenöl
100 ml Rinderfond
300 g Cranberrys
1 EL Granatapfelsirup
100 ml Orangensaft
etwas Zucker
1 EL Grand Marnier
1–2 EL Crème fraîche
60 g Butter
Petersilienblättchen zum Garnieren

Nährwert je Portion

Kilokalorien:	947
Fett:	64,8 g
Kohlenhydrate:	40,8 g
Eiweiß:	48,5 g

Zubereitung:

① Die Kartoffeln schälen, vierteln und in so wenig Salzwasser weich kochen, dass die Flüssigkeit nicht abgegossen werden muss, sondern für das Püree verwendet werden kann.
② Die Vanilleschote aufschlitzen, das Mark ausschaben.
③ Die Milch erhitzen, Vanilleschote und -mark darin ziehen lassen.
④ Die Butter in der Milch schmelzen, dann die Vanilleschote entfernen.
⑤ Die Kartoffeln zweimal durch eine Kartoffelpresse drücken, mit der Milch vermengen, mit Salz und Pfeffer würzen.
⑥ Den Backofen auf 200 Grad vorheizen.
⑦ Die Ananas schälen, halbieren und den Strunk entfernen. Das Fruchtfleisch würfeln und trocken tupfen.
⑧ Die Chilischote putzen, entkernen, abbrausen und fein hacken.
⑨ Die Paprikaschote putzen, waschen und in sehr feine Würfel schneiden.
⑩ Das Hackfleisch mit den Eiern, der Hälfte der Ananas, Chili, Paprikawürfeln, Ingwer, Sambal Oelek, Limettenschale, Salz und Curry gut mischen und abschmecken. Ist die Masse zu feucht, einige Semmelbrösel einarbeiten. Aus der Hackfleischmasse einen länglichen Laib formen.
⑪ Das Öl in der Pfanne erhitzen, den Hackbraten von allen Seiten kurz kross anbraten.
⑫ Den Braten in eine gefettete Auflaufform geben und circa 45 Minuten im Ofen backen.
⑬ Nach 15 Minuten etwas Wasser dazugießen.
⑭ Nach 30 Minuten die Kartoffelmasse wellenartig auf dem Hackbraten verteilen und goldbraun überbacken.

⑮ Am Ende der Garzeit den Hackbraten aus der Form nehmen und warm stellen.
⑯ Den Bratensatz mit dem Rinderfond ablöschen.
⑰ Cranberrys, übrige Ananas, Granatapfelsirup, Orangensaft, Zucker, Grand Marnier und Crème fraîche dazugeben.
⑱ Die Soße aufkochen und einkochen lassen.
⑲ Einige der Früchte herausnehmen, die übrigen in der Soße mit dem Mixstab pürieren, durch ein Sieb passieren, wieder in die Pfanne geben, mit kalten Butterflöckchen binden und abschmecken. Die Früchte wieder dazugeben.
⑳ Den Hackbraten in Scheiben schneiden, mit der Soße anrichten und mit Petersilie garnieren.

Tipp

Dazu passt gut ein trockener Riesling.

Fruchtige Eiderstedter Hackbratlinge

(für 4 Personen)

Zubereitung:

① Aus den angegebenen Zutaten einen Mehlbüddelteig herstellen und circa 90 Minuten in einer Form oder im Tuch im Wasserbad garen (lässt sich gut am Vortag vorbereiten).
② Das Lammhackfleisch mit dem Schafskäse mischen und mit Pfeffer, Salz und Rosmarin würzen.
③ Das Geflügelhack mit Mandeln, Curry, Pfeffer und Salz vermengen.
④ Das gemischte Hackfleisch mit Petersilie, Quark, Schalotten, Pfeffer und Salz vermengen.
⑤ Aus den 3 Hackteigen jeweils 4 gleich große Bratlinge formen und in Semmelbröseln wenden.
⑥ Die Weintrauben mit wenig Wasser köcheln, bis die Flüssigkeit weitgehend reduziert ist.
⑦ Die Äpfel und Birnen mit einem Entkerner ausstechen und in circa 1½ Zentimeter dicke Scheiben schneiden.
⑧ Alle Bratlinge in Pflanzenfett braten.
⑨ Die Äpfel- und Birnenscheiben kurz bissfest andünsten.
⑩ Die Mehlbüddel in Scheiben schneiden, mit einer Plätzchenform ausstechen, kurz knusprig braten.
⑪ Die Äpfel- und Birnenscheiben mit jeweils einem der Bratlinge auf einen Spieß ziehen.
⑫ Die Spieße mit Mehlbüddeltalern, Fruchtspiegel aus den Weintrauben und Joghurt auf Tellern anrichten.

Nährwert je Portion

Kilokalorien:	897
Fett:	37 g
Kohlenhydrate:	98,8 g
Eiweiß:	41,5 g

Zutaten:

Für die Mehlbüddeltaler:
250 g Mehl
½ Pck. Backpulver
250 ml Milch
50 g Fett
1 Prise Salz
½ TL Kardamom
½ TL gem. Ingwer

Für die Lammhackfleischbratlinge:
150 g Lammhackfleisch
50 g gewürfelter Schafskäse
Pfeffer
Salz
½ TL frischer geh. Rosmarin

Für die Geflügelhackfleischbratlinge:
150 g Geflügelhack
3 EL geh. Mandeln
1 TL Currypulver
Pfeffer
Salz

Für die gemischten Hackfleischbratlinge:
150 g gemischtes Hackfleisch
½ Bund geh. Petersilie
1 EL Quark
2 Schalotten in Würfeln
Pfeffer
Salz

Außerdem:
Semmelbrösel
200 g süße rote Weintrauben, kernlos
2 festkochende Äpfel
2 festkochende Birnen
150 g Naturjoghurt

4 Schaschlikspieße

Schlemmerschnittchen

(für 4 Personen)

Zutaten:

4 Blätterteigscheiben (TK)
à 75 g
ca. 28 Minimöhren mit Laub
1 Zwiebel
1 Topf Basilikum
2 EL Öl
250 g gemischtes Hackfleisch
Salz
Pfeffer
2 Eier
125 g Schmand
50 g ger. Käse

Nährwert je Portion

Kilokalorien:	707
Fett:	53,7 g
Kohlenhydrate:	31,8 g
Eiweiß:	25,3 g

Zubereitung:

① Den Blätterteig auftauen lassen.
② Die Möhrchen waschen, das Laub entfernen, dabei den Stielansatz stehen lassen.
③ Die Möhrchen in Salzwasser 8 bis 10 Minuten garen.
④ Die Zwiebel schälen und fein hacken.
⑤ Basilikumblätter abzupfen und fein hacken.
⑥ Die Zwiebelwürfel in heißem Öl andünsten.
⑦ Das Hackfleisch zufügen und kräftig anbraten.
⑧ Mit Salz und Pfeffer würzen.
⑨ Eier und Schmand verquirlen, salzen und pfeffern.
⑩ Das Basilikum zufügen.
⑪ Den Backofen auf 225 Grad vorheizen.
⑫ Die Blätterteigscheiben auf leicht bemehlter Arbeitsfläche jeweils circa 3 Zentimeter größer ausrollen. Die Längsseiten 2 Zentimeter nach innen einschlagen. Auf ein mit Backpapier belegtes Blech legen.
⑬ Hack und Möhren auf dem Blätterteig verteilen, mit Eierschmand beträufeln. Den Käse überstreuen.
⑭ Die Schlemmerschnittchen im heißen Ofen circa 12 Minuten backen.

Großmutters Hackfleischpralinen

(für 4 Personen)

Zubereitung:

① Den Bulgur in eine Schüssel geben, mit kochendem Wasser nach Packungsanweisung aufgießen und circa 30 Minuten quellen lassen, bis das Wasser ganz aufgenommen ist.
② Den Kartoffelbrei in eine Schüssel geben. Bulgur, Eier, Butter, Kümmel und Muskat zufügen und vermengen. Mit etwas Salz abschmecken.
③ Das Öl in einer Pfanne erhitzen. Die Schalotte und das Hackfleisch anbraten.
④ Zimt, Pinienkerne, Aprikosen, Sultaninen, Nelken und Brühe zugeben, gut vermengen.
⑤ Die Hackfleischmischung abkühlen lassen und in 10 bis 12 Portionen teilen.
⑥ Die Bulgur-Kartoffel-Mischung ebenfalls in 10 bis 12 Portionen teilen, zu flachen runden Plätzchen formen.
⑦ Eine Portion der Hackfleischfüllung auf die Plätzchen geben und fest umhüllen.
⑧ Öl in einer Fritteuse auf 180 Grad erhitzen und die Pralinen 5 bis 7 Minuten goldbraun frittieren.
⑨ Gut abtropfen und mit braunem Zucker und Zimt bestreuen.

Zutaten:

175 g Bulgur
350 g mehlige Kartoffeln, gekocht und zerstampft
2 Eier
30 g zerlassene Butter
1 Prise Kümmel
1 Prise Muskat
Salz
1 EL Öl
1 kl. Schalotte, fein gehackt
180 g Hackfleisch
1 Prise Zimt
1 EL Pinienkerne
30 g getr. Aprikosen in feinen Würfeln
3 EL Sultaninen
1 Prise Nelken
2 EL Brühe (Instant)
Öl zum Frittieren
brauner Zucker
Zimt

Nährwert je Portion

Kilokalorien:	618
Fett:	34 g
Kohlenhydrate:	56,3 g
Eiweiß:	20,4 g

Zutaten:

100 g Kichererbsen
500 g Lammfleisch
2 hart gekochte Eier
1 kl. Zwiebel
75 g Rosinen
Salz
1–2 EL Zitronensaft
schwarzer Pfeffer aus der Mühle
1 Prise Zimt
1 Prise Nelkenpulver
gem. Muskat
gem. Koriander
Semmelbrösel
Öl zum Frittieren

Nährwert je Portion

Kilokalorien:	713
Fett:	55 g
Kohlenhydrate:	22,9 g
Eiweiß:	32 g

Exotische Lammhackbällchen

(für 4 Personen)

Zubereitung:

① Die Kichererbsen über Nacht in Wasser einweichen.
② Am nächsten Tag mit dem Einweichwasser weich kochen und abgießen.
③ Das Fleisch mit den Kichererbsen durch den Fleischwolf drehen oder in der Küchenmaschine zerkleinern.
④ Die Eier pellen, die Zwiebel schälen und beides fein hacken.
⑤ Die Hackmasse mit Eiern, Zwiebeln und Rosinen vermischen.
⑥ Mit Salz, Zitronensaft und den übrigen Gewürzen pikant abschmecken.
⑦ Aus der Masse kleine Bällchen formen und in Semmelbröseln wenden.
⑧ Öl in der Fritteuse auf 180 Grad erhitzen.
⑨ Die Hackbällchen portionsweise knusprig braun backen.
⑩ Gut abtropfen lassen und heiß oder kalt servieren

Zutaten:

1 Zwiebel
1 Knoblauchzehe
2 EL Olivenöl
2 EL Pinienkerne
2 Stängel Apfelminze
200 g mageres Hackfleisch
½ TL Zimt
1 Msp. Nelkenpulver
Salz
schwarzer Pfeffer
4 feste Birnen

Gefüllte Birne

(für 4 Personen)

Zubereitung:

① Die Zwiebel und den Knoblauch schälen und fein hacken und in heißem Öl in einer Pfanne anbraten.
② Die Pinienkerne zugeben und kurz mitrösten.

③ Die Minzeblättchen fein schneiden.
④ Das Hackfleisch mit Zimt, Nelkenpulver, Salz und frisch gemahlenem Pfeffer würzen.
⑤ Die Minze zugeben, alles gut vermengen.
⑥ Zwiebeln, Knoblauch und Pinienkerne zum Hackteig geben und gut untermischen.
⑦ Den Backofen auf 180 Grad vorheizen.
⑧ Die Birnen waschen und längs halbieren. Die Kerngehäuse herausschneiden und mit einem Löffel etwa ein Drittel des Birnenfruchtfleisches muldenartig herauslösen.
⑨ Das Fruchtfleisch klein schneiden und unter den Hackteig mengen.
⑩ Die Füllmasse in die ausgehöhlten Birnenhälften füllen. Die Birnen auf ein Backblech setzen und circa 30 Minuten backen.

Nährwert je Portion

Kilokalorien:	247
Fett:	14,8 g
Kohlenhydrate:	17,6 g
Eiweiß:	12 g

Tipp

Dazu passt knuspriges Fladenbrot.

Hackfleischnester

(für 4 Personen)

Zutaten:

1 altbackenes Brötchen
1 Zwiebel
500 g gemischtes Hackfleisch
1 Ei
1 TL Basilikum
1 TL Majoran
1 TL Salz
1 TL schwarzer Pfeffer
1 TL Paprikapulver
$^1/_2$ TL Brühe (Instant)
200 g ger. Gratinkäse
1 rote Paprika
6 milde Peperoni
2 Tomaten

Zubereitung:

① Den Backofen auf 200 Grad vorheizen.
② Das Brötchen in Wasser einweichen.
③ Die Zwiebel schälen und fein hacken.
④ Hackfleisch, ausgedrücktes Brötchen, Zwiebelwürfel, Ei, Kräuter, Gewürze, Brühe und die Hälfte des Käses verkneten und abschmecken.
⑤ Aus dem Teig 8 Kugeln formen, flach drücken und in die Mitte eine Kuhle drücken. Auf ein mit Backpapier ausgelegtes Backblech setzen.
⑥ Die Paprika putzen und würfeln.

⑦ Die Peperoni in Ringe schneiden.
⑧ Paprika und Peperoni in die Hackfleischnester verteilen.
⑨ Die Hackfleischnester im heißen Ofen 10 Minuten garen.
⑩ Den restlichen Käse darüberstreuen und mit je einer Tomatenscheibe belegen.
⑪ Weitere 10 Minuten überbacken.

Nährwert je Portion

Kilokalorien:	517
Fett:	33,2 g
Kohlenhydrate:	11,2 g
Eiweiß:	43,2 g

Würziger Hackbraten

(für 4 Personen)

Zubereitung:

① Die Kartoffeln schälen und auf einer Vierkantreibe grob reiben.
② Die Zwiebeln schälen und sehr fein hacken.
③ Den Backofen auf 150 Grad (Umluft) vorheizen.
④ Das Hackfleisch in eine große Schüssel geben.
⑤ Kartoffeln, Zwiebeln, Sahne und alle Gewürze zufügen und den Teig gut vermischen. Falls der Hackteig zu dünnbreiig geworden ist, die Zwiebacke darunterreiben.
⑥ Den Teig in eine Auflaufform oder eine Gusspfanne streichen und im Ofen garen, bis sich eine schöne braune Kruste gebildet hat.

Zutaten:

6 mittelgr. Pellkartoffeln
3 mittelgr. Zwiebeln
1 kg gemischtes Hackfleisch
400 g Sahne
Salz
Pfeffer
etwas Zucker
gem. Koriander
Zimt
2–3 ger. Zwieback

Tipp

Dazu passt Brot, aber auch Kartoffelbrei und ein Salat.

Nährwert je Portion

Kilokalorien:	1090
Fett:	74,5 g
Kohlenhydrate:	50 g
Eiweiß:	55,2 g

Alphabetisches Rezeptverzeichnis

Verzeichnis der Wettbewerbsteilnehmer

Erika Bartz
76327 Kleinsteinbach

Kristine Becker-Uffrecht
33619 Bielefeld

Inga Biß
24601 Ruhwinkel

Annette Bloch
25767 Offenbüttel

Helga Boetel
24819 Barlohe

Kresche Börm
24894 Tolk

Inge Carstensen
25853 Drelsdorf

Maren Diedrichsen
25836 Garding

Ute Diersen
21483 Gülzow

Inge Emmert
78112 St. Georgen

Marina Fritz
25813 Schleswig

Gunda Früchtenicht
25335 Neuendorf

Anke Garwisch
25704 Bargenstedt

Ernestine Hamkens
25882 Tetenbüll

Haye Hamkens
25882 Tetenbüll

Imke Harder
29479 Jameln

Karin Heller
73776 Altbach

Frauke Hoppe
23843 Bad Oldesloe

Birgit Hubert-Heinecke
45549 Sprockhövel

Magrid Jacobsen
25813 Husum

Karin Jöns
25836 Katharinenheerd

Gabriele Juhl
25938 Alkersum/Föhr

Bettina Kensting
32816 Schiede

Erika Kicksee
24816 Luhnstedt

Klasse 9, Schule Hohe Geest
24594 Hohenwestedt

Klasse 10, Schule Hohe Geest
24594 Hohenwestedt

Nicola Koifer
75236 Kämpfelbach

Bettina Koop
22955 Hoisdorf

Gaby Koopmann
25834 Viöl

Ute Kühl
24994 Osterby

Maria Küthe
49577 Kettenkamp

Heide Legies
24980 Hörup

Jeanette Leitmeyer
22889 Tangstedt

Christel Madsen
24395 Rabenholz

Karin Martensen
25862 Joldelund

Elke Michl
73431 Aalen

Bettina Mohr
25746 Heide

Heidrun Möller
24802 Bokel

Manuela Nicolai
25782 Welmbüttel

Gretchen Nottelmann-Schlömer
25782 Gaushorn

Silke Nowak
75126 Königsfeld

Eicke-K. Nuppenau
22941 Jersbek

Christine Pasewald
24405 Mohrkirch

Renate Placke
24392 Süderbrarup

Leonie Potthoff
45549 Sprockhövel

Lisa Prepp
24872 Groß Rheide

Margret Rahlf
23823 Aukamp/Seedorf

Silke Reckweg
25899 Dagebüll

Elke Resthöft
23769 Fehmarn

Elke Schmidt
24594 Hohenwestedt

Bettina Schnepel
25727 Krumstedt

Horst-W. Schnöring
51063 Köln

Rainer Schulze
29479 Jameln

Birte Söhl
25709 Diekhusen-Fahrstedt

Judith Stangl
93449 Herzogau

Anita Struck-Winkler
24790 Höbek

Martha Tams
24992 Janneby

Renate Thomsen
24992 Jörl

Kurt Thurm
45549 Sprockhövel

Leni Thurm
45549 Sprockhövel

Maike Vehrs
25786 Dellstedt

Karen Vogelsang
29076 Osnabrück

Christel Winkelmann
24790 Haßmoor